*Yasuro Uchida*
内田 康郎［著］

# 業際化時代の競争戦略

## 異業種連携を通じた事業探索の仕組み

文眞堂

# まえがき

２０２４年1月、ラスベガスで開催されたＣＥＳ（Consumer Electrics Show）において、「ソニー・ホンダモビリティ（以下、ソニー・ホンダ）」は、マイクロソフトと提携することが発表されました。ソニー・ホンダはＥＶ（電気自動車）メーカーとして活動が始められたばかりですが、このＥＶに、マイクロソフトのクラウドを通じChat GPTを使える機能を組み込む予定であるということでした(1)。

ＥＶに関しては、もともと２０２２年1月にソニーグループがＥＶを通じて自動車市場に参入することが大きく報道されました。そして同年、ソニーとホンダが組む形で新会社ソニー・ホンダが設立され、翌２０２３年のＣＥＳにて同社初のプロトタイプ「AFEELA」が発表されました。

ＣＥＳではソニーはこれまでにも、「Vision-S」と呼ばれるコンセプトカーを発表していましたが、自分たちで自動車をつくって販売することについては明らかにしていませんでした。

これまでは自動車をつくるというよりは、ソニーが得意とする技術やエンターテインメント性をコンセプトにすると車はこうなる、といったメッセージの発信がメインだったのですが、いよいよ本格的に自動車市場に入ることが発表されたのです。現在は、２０２５年の発売開始に向けて準備が進められています。

ソニーと言えば、洗練されたＡＶ機器やゲーム機、あるいは卓越した技術からつくられるイメージセンサー等が有名ですが、ソニーのこの一連の動向は、**事業領域の枠を越えて新たな領域への参入**を、ホンダという**異業種企業と連携しながら実現**させたことを意味し、そして２０２４年のＣＥＳにおいて今度はアメリカの巨大ＩＴ企業マイクロソフトとの提携が発表されたわけです。ひとつの事業が国境や業界を越えた連携によって進められることを示す事例となっています。

一般的に、国境を越えた事業展開のことを国際化と呼びますが、ソニーがホンダと連携し、さらにマイクロソフトとも連携するケースのように事業領域の枠を越えた事業展開のことを、本書では**業際化**と呼ぶことにします。業際化の詳しい内容については本編であらためて触れますが、これまでもこうしたケースは自動車分野に限らず確認されてきました。

その代表格として挙げられるのがコンビニエンスストアです。コンビニができた当初は、身近な商品を販売している小さなスーパーマーケットのような存在だったものが、徐々にさまざまな機能がついていき、2000年代に入ると銀行業にまで事業領域を拡大させました。コンビニ業界トップのセブン-イレブンは、国内の売上だけで5兆円を越す企業にまで成長しています。(2)

当たり前のことですが、企業は成長していかなくてはなりません。そして、成長する上でどのような市場を選択するのかということには極めて重要な判断が求められます。

ここで言う市場とは、製品やサービスをつくっていく上で必要な原材料や知識などといった大事な資源を調達する場だとか、あるいはできあがった製品やサービスを販売する場のことを意味します。その市場には顧客もいれば、ライバル企業もいます。成長していくためには売上高を大きくしていく必要がありますが、そのためにはライバル企業に邪魔されないようにしながら、顧客をうまく獲得していかなくてはなりません。

ですが、同じ市場にずっと留まっていては、やがて成長も止まってしまうことにもなりかねません。そのため、新しい市場に出て行く必要があるのですが、その際にこれまで多くの企業が進めてきているのが国際化でした。冒頭で挙げたソニーやホンダも、国際化では先進的な企業として有名です。

私たちのような大学に籍を置く研究者が進める研究においても、企業経営の国際化については、さまざまな角度から取り組まれています。競争戦略や資源管理、国際的な人事管理や組織のあり方、グローバルなイノベーション戦略など、これまでのこうした研究からはいろいろな知見が出され、同時に実践的な示唆も多く提示されてきています。

ところが、それに比べると業際化についての研究蓄積はあまり多くありません。実際、業際化で成長することに成功している企業としては、先にも挙げたような大きな企業だけではなく、規模の小さな企業もその可能性を十分に持っているため、もっと研究が進められても良いように思いますが、実はあまり多くないのです。

国際化の場合、事業の領域が国境を越えることから、当然のことながら言葉や文化や法制度も異なるため、乗り越えるべきさまざまな課題があります。だからこそ、学問として研究する意義も見出せるのだろうと思いますが、業際化にも乗り越えるべき課題は同じように多く存在します。そのひとつに挙げられるのが、業際化を進める上で「誰と組むか」という問題です。

新しい領域に打って出ていくには、新たな市場で活用するための資源が必要ですが、最初からすべてを用意できない場合には誰かの助けが必要となります。たとえば、先に挙げたソニーはホンダと組みましたし、セブン銀行の場合、当初は旧三和銀行の助けを借りていました。[3] こうした異業種企業との連携が課題として挙げられますが、だからと言ってただ誰かと組めば良いというわけでもありません。

　もちろん、国際化においても「誰と組むか」という問題は重要であることに変わりありませんが、業際化ではどのようなことが求められるのかということについて、本書の考えを述べていきたいと思っています。

　また、この業際化には今まで述べてきたような「事業領域の業際化」ということだけでなく、もうひとつ本書で重視している業際化があります。それは「技術用途の業際化」です。

　たとえば、私たちの日常の生活において欠くことのできなくなった技術のひとつに「ＱＲコード」がありますが、これなどはさまざまな用途で活用されている技術であり、まさに技術用途の業際化が進められている典型的なケースになっています。

　ＱＲコードについては、本書第8章で詳しくみていきますが、今日このコード自体はいろいろなところで目にすることができるようになりました。

　この技術を開発した企業はデンソーウェーブといって、トヨタ系の自動車部品を開発するデンソーの子会社で、同社は主に産業用の機器を開発しています。もともとＱＲコードの開発はデンソー社内の開発部門で進められていたのですが、その後このデンソーウェーブに移管され、現在は同社のもとで管理されている技術となっています。

当初、自動車工場の中で活用されるために開発されたＱＲコードは今日、キャッシュレス決済にも使われるなどこの技術の用途はかなり業際化されていますが、デンソーウェーブの事業内容は大きく変わっていません。同社の場合は、技術用途を業際化させながら成長を続けてきていることが分かります。

このように企業の成長にとって、事業領域の業際化と同様に技術用途の業際化も大きな意味を持つことがわかり、それぞれ別々に整理しながら把握していく必要が出てきます。

本書は、こうした業際化にこだわり、業際化の戦略とはどのようなものか、業際化を成功させるための異業種連携はどのような相手と組んでいるのか、等を深く見ていきたいと考えています。

そのため、本書全体を３部構成として、第１部ではそもそも業際化の戦略とはどのようなものかについて見ていき、第２部で事業領域の業際化、そして第３部で技術用途の業際化を見ていくことにします。

なお、本書は専門書ではないので、難解な専門用語はなるべく使用しないつもりでいます。業際化の戦略という概念について、少しでも理解していただくことを目指して本書がつくられているので、読者の皆さんには本書を通じて業際化という概念を身近に感じて頂けるようであれば幸いです。

**注**

（1）日本経済新聞、2024年1月10日付。
（2）セブン-イレブンジャパンによると、2024年の売上高は約5兆3千億円で、これは日本の自動車メーカーと比較すると第4位のスズキを上回る業績となっています。
（3）セブン銀行公表資料参照（https://www.sevenbank.co.jp/corp/news/2001/0501_1.html 2022年12月閲覧）。

# 目　次

目　次

目　次

目　次

# 第1部

# 業際化の戦略とは

# 1　業際化の戦略

　ここから先の内容を深く理解していただくために、まず業際化という現象について深く掘り下げていきます。業際化とはどのような現象のことを言い、なぜ業際化が進んできているのか、まずはそのあたりのことについて整理していくことにしましょう。

## (1)　業際化とは

　本書のまえがきでも触れましたが、本書では業際化のことを、国際化との違いを意識しながら使用しています。たとえば、「経営の国際化」と「経営の業際化」では企業の目指す成長の方向性も異なるため、戦略的な取り組みも異なることになります。

　もう少し詳しく見てみましょう。経営の国際化といった場合には、経営に必要な活動が国境を越えて行われることを意味します。経営に必要となる基本的な活動とは、原材料や労働力、あるいは知識などを調達する活動もあれば、できあがった製品を販売するような活動もありますが、こうした活動が国境を越えて行われる場合に国際化が進められることとなります。

これに対し経営の業際化といった場合、本書では経営に必要となる基本的な活動が業界の枠を越えて行われることを意味しています。原材料や労働力、知識などを異業種企業から調達することもあれば、販売先としてもそれまで既存業界の中では対象とされてこなかった新規の顧客を、他の業界から見つけ出すような場合に、経営の業際化が進むことになります。このことを図で示すと図1-1のように整理できます。

この図の横軸は事業がどこで行われるかという「国や地域の範囲」で整理しています。特定の国（地域）だけで行われる事業か、あるいは国境を越えて行われる事業かという分類です。

一方、縦軸は「事業の範囲」を分けているもので、基本的に特定の業界の中だけで進められる事業か、他の業界とのつながりの中で成り立つ事業かという分類です。

この図のように整理すると、基本的には領域Aから事業が開始され、そこから領域Bへと向かう場合が、これまで多く確認されてきた経営の国際化と呼ばれる現象と捉えること

図 1-1　経営の国際化と業際化の違い

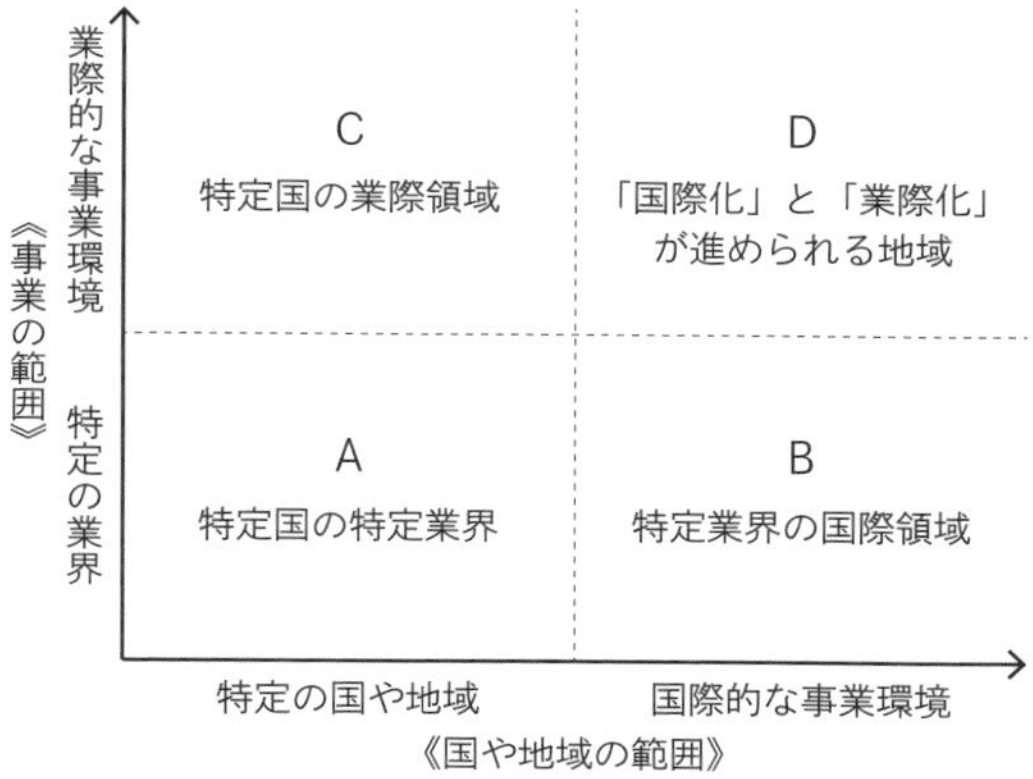


出所）筆者作成。

ができます。

本書が注目したいのは、この図の下から上への拡張です。経営に必要な活動を既存業界の中だけで留めずに異業種の領域にまで拡張させていく現象です。

具体的に見ていきましょう。たとえば、自動車の部品をつくっている中小企業を想定することとします。その会社ではプラスチックの成形技術を得意としており、自動車で使われるパワーモジュールのケースづくりを主力事業としています。複雑な成形も可能であるだけでなく、正確かつ高品質、さらに低コストで事業ができるため、同社の生産技術は取引相手からも高く評価されています。

その同社が、事業を成長させようと海外企業の顧客を獲得する活動を行うとき、経営の国際化が始まることとなります。現地に工場を建て、現地に進出している日本企業や現地企業向けに取引を行うこととなれば、領域Ｂに向けて舵を切ったということが言えます。

一方で、同社の既存技術を活かして自動車用部品だけで無く、半導体業界など他の業界に向けても部品を供給することに成功すれば、それは同社が業際化、すなわちこの図の上（ＣまたはＤ）へと向かうことを意味します。

この話は実在する企業の事例で、富山県にあるコージンという企業の例なのですが、同社は地方に立地し、百数十名の従業員を抱えながら、時間をかけて地道に生産技術のレベルを高めてきています。その技術をもとに国際的な活動だけでなく、業際化も積極的に進めている企業です。近年では、同社のプラスチック成形技術をもとに介護事業者向け研修教材の開発も成功し、関係者からの期待を集める存在ともなっています。

このように、国際化だけでなく業際化も事業を成長させる上で大きな意味を持つことが分かります。図1−1で言えば、まずは領域ＡからＢへ移り（国際化）、そのあとでその技術を活かして業際化するような場合であるとか、あるいは領域ＡからＣへ展開し（業際化）そのあとで国際化するようなことが想定されます。

ただ、近年ではこうしたプロセスを経ずに国際化と業際化が同じタイミングで一気に進む現象も増えてきています。私はこれを「**国際化と業際化の同期化**」と呼んでおり、現在私がもっとも関心を持っている研究領域となっています。本書でもこのあたりは大事な意味を持ってくるので、章を改めてまた深く掘り下げていくことにしますが、ここではなぜ経営の業際化が可能になってきているのか、ということについて見ていくことにします。

経営の業際化の背景にあるもの、その内容を理解する上でカギとなるのが、情報技術のデジタル化です。

## (2) 業際化の背景にあるもの

先に紹介したコージンのように、日々の事業活動のなかで蓄積された技術をよく理解し、その技術の持つ意味から徐々に業際化への可能性を広げていくというケースもあれば、情報技術のデジタル化が進むことで、業際化の可能性が一気に拡大されるというケースもあります。

たとえば、ガラケーと呼ばれているかつての携帯電話とスマートフォン（スマホ）とを比べてみると、その違いが分かりやすいかもしれません。もっとも、最近ではガラケーを手放せない利用者向けに、かなり進化したガラケーもあるので、ここでイメージしてもらうためには、かなり前のガラケーとか、あるいは家庭用のかつての固定電話をイメージしてもらった方が良いかもしれませんが、いずれにしろこうした「電話機」はあくまで通話機能がメインだったということになります。

それに対して、スマホではあまり通話しない利用者も少なくなく、さまざまなアプリをもとにＰＣのような使い方もできるようになっています。ＰＣのような使い方というのは、インターネット（ネット）につなげてさまざまな情報を収集したり、ゲームをしたりというようなことだけでなく、Word などのソフトを使って文章を作成するなどの使い方もできるようになっているということです。実際、全国の大学生の中には、卒業論文をスマホで書いている学生もいると聞きます。

ここにデジタル化の本質を見出すことができます。最近ではデジタル化とＤＸ（デジタルトランスフォーメーション）とが混同されてしまうこともありますが、ここではデジタル化のことを、アナログ情報を取り込み、それを解析・変換して数値化することとして捉えています。こうして数値化されたデータは、ひとつの機器で他のデータと組み合わせることができるだけでなく、加工や処理もしやすくなります。そのため、ひとつの機器でさまざまな機能を持たせることができるということとなり、これがデジタル化の本質であると私は考えています。

かつては、通話機能しか持たなかった電話機が、スマホでは通話機能はもちろん、ネットに接続させてさまざまな情報にアクセス可能となることだけでなく、論文だって作成できるため、ＰＣの役割も担えてしまうことになります。

　このようにデジタル化は、機器のマルチユースを可能とさせることにその本質を見出すことができます。そして、このマルチユース化といった現象が業際化の可能性を拡大させているものと考えられるのです。

**マルチユース機器のもたらす影響**

　マルチユース化された機器の登場が、市場でどのような影響力を持つことになるのか、少し詳しく見てみましょう。

　図１‐２は、かつての録画再生機の国内出荷台数を調べたものです。期間は１９９７年から２００６年までの10年間です。この時期に録画再

図 1-2　録画再生機の国内出荷台数推移

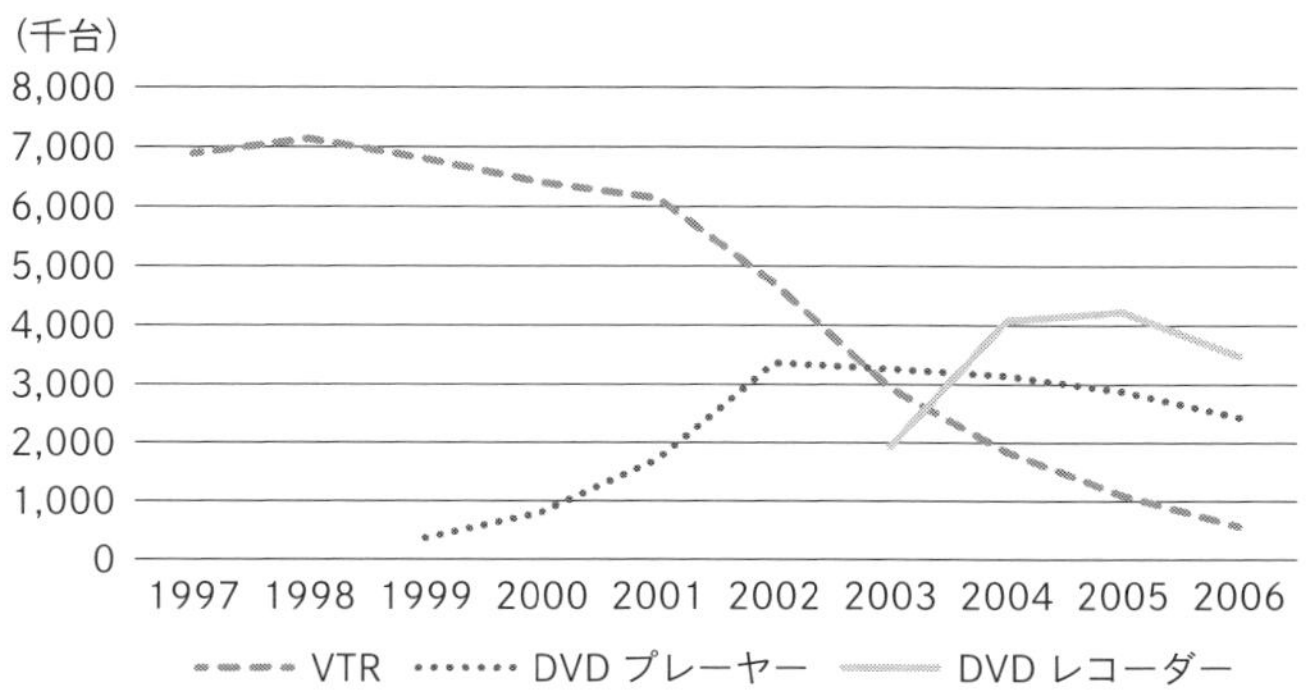


出所）（社）電子情報技術産業協会（JEITA）調べ。

生機がアナログからデジタルへの交代が進められていきました。

かつてテレビ番組等を録画する際は、家庭用のビデオテープレコーダー（ＶＴＲ）が一般的で、ピーク時には年間７００万台以上が販売されていました。このＶＴＲでは、アナログの情報を記録するためのビデオテープが必要で、番組等を録画するためにはそのテープが納められたカートリッジ（カセットテープ）を挿入して利用していました。

その後、ＤＶＤが登場します。当初は映像作品などがあらかじめ記録されたＤＶＤの再生専用機器として、ＤＶＤプレーヤーが市場に出てきます。これは再生専用なのでＶＴＲのように録画する機能を持ちません。

その後、ＤＶＤで録画再生のできるＤＶＤレコーダーが市場に出てきます。テレビ番組等を録画できるこの機器を最初に開発したのはパイオニアで、製品を市場に投入したのが１９９９年でした。当時のテレビ番組はアナログ放送でしたが、番組の情報をデジタル処理してＤＶＤに記録することのできる製品でした。ただ、製品価格は25万円に設定されており、これは当時としてもかなり高額だったため、庶民にとってはすぐに購入できるものではありませんでした(1)。

ところが、その後他社からもすぐにＤＶＤレコーダーが投入され、普及期に入っていくことになるのですが、図1-2からも分かるように、実はあまり出荷台数が伸びていません。２００３年に、ＤＶＤレコーダーが約２００万台に到達し、２年連続して増加していますが、早くも２００６年からは低下し始め、図には記載していませんが２００７年には３００万台も割ってしまっています。ＶＴＲのピーク時にみられた７００万台には遠く及ばない状況だったわけです。

当時、ＤＶＤレコーダーはかなり期待された製品でしたが、あまり伸びなかった理由には、ＰＣの存在が挙げられます。情報のデジタル化が前提となっているＰＣは、さまざまな役割を担うことが可能です。そのため、当時販売されていたＰＣの多くにＤＶＤドライブが標準装備されており、わざわざＤＶＤレコーダーを購入しなくても、番組の録画や編集などはできるようになっていました。つまり、ＰＣというマルチユース機器がＤＶＤレコーダーの普及の妨げになっていたことになります。

参考までに、図1-3は先の図1-2と同じ10年間でみた国内のＰＣ出荷台数推移です。期間によっては減少するところがありますが、期間全体でみると成長していることがわかります。

この当時はまだ今日のようにスマホやタブレット端末は普及していませんでした。iPhoneが上市されたのが２００７年で、日本に入ってきたのが２００８年です。当時のマルチユース機器の代表格はＰＣだったわけです。

図1-3　PCの国内出荷台数推移

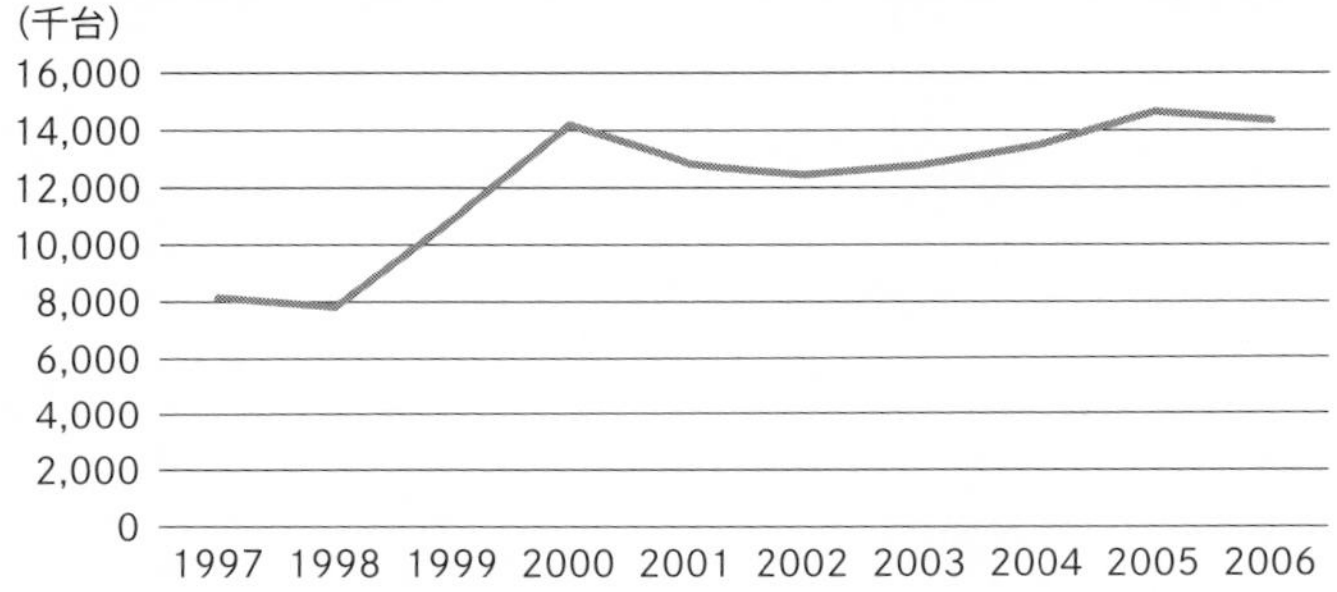


出所）IDCジャパン調べ。

## (3)　マルチユースで実現される価値

ここで、このマルチユース化という現象が、利用者に対して具体的にどのような価値をもたらすのかを考えてみたいと思います。利用者がどのような価値に反応するのかが分かれば、企業の戦略を考える上でも役に立つと思えるからです。

すぐに思いつくのは、ひとつの機器でいろいろなことができるので「便利」ということです。ただ、この便利という言葉自体が便利なので、もう少し整理する必要があります。

便利な状態が得られるということは、当たり前ではありますが「不便」な状態が解消されることで得られることになります。この不便な状態をもう少し整理すると、大きく2つにわけることができます。

ひとつは、すでに生じている不便な状態（顕在的な

**表 1-1　不便さの整理**

| | |
|---|---|
| 顕在的な不便 | 現実的に発生し，解消したいとされる不都合な問題が特定されるような不便さ |
| 潜在的な不便 | 表面的には現れておらず，状況の変化によって顕在化する不便さ |

出所）筆者作成。

不便）か、今現在は不便な状態は表面化していないものの急に状況が変化することによって生ずる不便な状態（潜在的な不便）の2つです。

顕在的な不便の場合は、目の前に生じている問題をすぐに解決できれば当事者は有り難く感じるものなので分かりやすいと思います。少しくらいコストが高くついたとしても、早く解決できるのであれば受け入れることもあるのではないでしょうか。

それに対して、潜在的な不便というのは、あらかじめ予想がつかない状態で実際に生じてしまうと困ってしまうようなものです。

顕在的な不便さも、潜在的な不便さも、解消されればどちらも便利という点では同じなのですが、アナログ製品の場合、その機能は特定の用途に限定されるものなので、顕在的な不便さを解消するために入手したとしても、潜在的な不便さまで解消するには限界があります。

その点、ＰＣがそうであるように、マルチユースがもたらす便利さというのは、これら2つの不便さをそれぞれ満たし得るものであるということになります。

たとえば、ＰＣを手に入れることで、あらかじめ抱えていた顕在的な不便さの解消が期待されるかと思いますが、ＰＣに最初から同梱されているソフトの中には、普段はあまり使わなくてもいざ必要になったときに使えて有り難いと感じるようなソフトもあります。あるいは、同梱されてなかったとしても、必要なソフトはネットを通じて入手することも可能です。このとき、潜在的な不便さが解消されることを意味します。

似たようなことは、もちろんスマホでも言えます。普段はまったく使わないアプリだけど、いざ必要になったときに役立つことで、潜在的な不便さが解消されることとなります。ＰＣやスマホは、こうした便利さをもたらしてくれる代表的な存在であり、また手放すこともできない存在になってしまっています。

このように情報技術のデジタル化により、マルチユース化された機器はさまざまな便利さをもたらしてくれるありがたい存在であることが分かります。

ただこうして考えてみると、２つの種類の便利さを提供することができるのは、ＰＣやスマホのようにマルチユース化された情報機器だけというわけではないことになります。本書冒頭でも触れたコンビニもそうした存在だからです。

コンビニの店内にはかなりの種類の商品が並んでいますが、それだけでなくさまざまなサービス機能もあります。もちろん、一般的な利用者にとってはこれらすべての商品やサービスを常に利用するわけではありません。私たちが普段コンビニを利用する際には、日常的に必要なものを手に入れるというのが一般的です。

ところが、行ったついでに公共料金を納めるとか、ATMでお金を引き出しておこうなどのように、来店時点では考えていなかった要望も満たしてくれる存在でもあります。このように考えると、コンビニもマルチユースの便利さを提供してくれる存在と言えるでしょう。

以上の内容から何が言えるかと言えば、経営の業際化が進む背景にあるのは、マルチユースの便利さを創り出せているかどうかということになってきます。たしかに情報技術のデジタル化は、その点では優れていることにはなりますが、必ずしもそのことだけに限定されるわけでは無いということになります。

そこで、このマルチユースの便利さのことを、どのような概念で整理すれば良いかということになりますが、本書では今後「**利便性**（accessibility）」と呼んでいきたいと思います。利便性というと、英語ではconvenienceで表すこともできますが、ここまで述べてきたように、ひとつの機器や店舗が、その利用者や顧客に対して、顕在的な不便さだけでなく、潜在的な不便さに対する解消策へのアクセスを可能にしてくれるという考え方から、

図 1-4　業際化時代における競争戦略

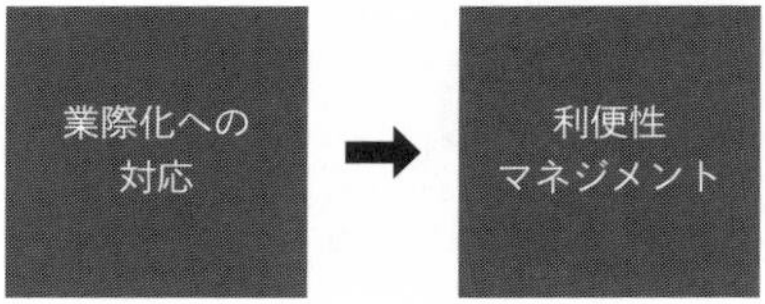


出所）筆者作成。

accessibility の意味で利便性を捉えていくこととします。[2]

## 利便性に基づく競争優位

この意味で捉えるとき、この利便性をうまく活用することができる企業は、さまざまな目的を持った利用者から選択される可能性が見出されることになります。ＰＣやスマホ、あるいはコンビニは、特定の目的を持った人にしか利用されないわけではありません。もちろん、利用者がどの業界で活動しているかも関係ありません。つまり、業際化に対応した価値を提供する役割を担っている存在となっています。

本書は、業際化の時代における企業の競争戦略について述べていくことを目的とした本ですが、本書のこれまでの内容から、この利便性は業際化の時代に活動する企業にとって、戦略的な意味を見出せるものであるということになります。言い方を換えると、業際化の進む今日の競争では、利便性をうまくマネジメントすることと競争優位との間には関係性があるということです。今や、多くの人が

ＰＣやスマホ、あるいはコンビニの利便性を手放すことができなくなっていることと思われますが、こうした「手放すことができない」という状況をどうつくるかが、競争戦略的に大事な意味を持ってくることになります。

では、具体的に企業はどのように利便性をマネジメントしていけば良いでしょうか。この問いについて次の章で詳しく見ていくことにしましょう。

**注**

(1) パイオニアプレスリリース (https://jpn.pioneer/ja/corp/news/press/1999/1125-1.html ２０２２年12月26日閲覧)。

(2) 近年、「アクセシビリティ」という用語は、利用者の障害の有無やその大きさとは関係なく利用可能な状況を示す目的で使用されることが増えてきていますが、ここでは単に「いろいろなサービスにアクセスできること」という意味で捉えています。

# 2 利便性マネジメント

前章では、業際化が進む事業環境においては、利便性のマネジメントに戦略的な意味があることについて整理しました。一般に、利便性のある環境が提供された顧客は、顕在的かつ潜在的な不便さが解消されることから、その環境を享受し続けることに価値を見出すものと考えられます。

では、利便性をもたらすことのできる環境を提供する企業側にとって、利便性は戦略論的にはどのような意味があるでしょうか。このことについて、この第2章と次の第3章において少し理論的に説明していきます。あまり難解な内容にならないよう留意しますが、理屈の上からある程度理解していただくことで、本書第2部以降で紹介する実際の事例に対する理解が深まると考えています。

企業が競争戦略を実行する上での利便性にはどのような意味があるのか、そしてどのようにつくり出せば良いのか、ということについてここでは見ていきます。

## (1) 利便性の持つ戦略的な意味

まず、利便性が戦略的にどのような意味があるかについて見ていきますが、利便性に戦略的な意味があるとは言っても、もちろん利便性を利用者に提供しさえすれば必ず成功するというわけではありません。反対に、利便性など無くても贔屓にしている企業や商品・サービスがあることは十分にあり得ます。

ただ、前章で見たように利便性の得られる環境に慣れてしまうと、手放したくなくなると考える利用者はリピーター化することにもなるでしょうし、その戦略的な意義は決して小さくないというのが本書の考えです。これは、顧客の囲い込みに寄与する戦略ということになるためです。

たとえば、これまでも本書で話題に出しているコンビニがもっとも分かりやすいかもしれません。コンビニ各社の競争は年々激しさを増しており、そのような中で各社の出すプライベートブランド商品が差別化に寄与していますが、基本的にコンビニは私たちの身の回りにある顕在的、かつ潜在的な不便さを解消することに優れた存在となっています。言い方を換えればさまざまな利便性を提供するプラットフォームとも言えるでしょう。そのため、その便利な空間に慣れてしまうと、使い慣れた同じ店舗、あるいは同系列のコンビニの利用頻度は高くなるというのが一般的だろうと思われます。

このように、コンビニ各社はそれぞれ利便性を提供する空間という意味では同じですが、競争上、さまざまな点で差別化の戦略にも力をいれています。たとえば、近年コンビニ大手3社が力を入れているもののひとつに自社アプリがありますが、よく調べてみるとクーポンの配付ルールなどにはコンビニ各社で違いが見られるようになっています。とは言え、その違いを熟知した上でコンビニを使い分けるというのは、一般的な利用者の場合にはあまり多く無いように思われます。それよりはコンビニとしての本質、すなわち利便性の大きさが重要であると言えるでしょう。

## 「顧客ロックイン戦略」としての利便性

利便性が顧客の囲い込みに通ずるという考え方は、以前よりありました。「顧客ロックイン戦略」と名付けられた戦略の中で「コンビニエンス・ロックイン」という概念で説明されています。[1] コンビニエンス・ロックインは、たとえば上でも触れたようにひとつのコンビニで必要なものすべてを手に入れられれば、顧客は買い回るための移動コストを負担せずに済むために囲い込まれるというものです。顧客側にとって探し回るための手間暇もコストに含めるとすれば、こうしたコストを削減することは顧客側のメリットに貢献します。

ただ、本書では顧客がリピーター化する上で、こうしたコスト優位性だけでなく、顧客側の得られる精神的な部分での満足[2]も大いにあるように考えています。

**利便性が提供する心の満足**

たとえば、ソニー・ホンダのＥＶ、AFEELAについて見てみましょう。

そもそもソニーが自動車業界に入ってくることによって、利便性の価値が顧客に提供されることになるのかということについてですが、私は大いにあると考えています。「移動すること」といった自動車本来の目的が果たせるだけでなく、同社の得意とするエンターテインメント分野に関するサービスも受けることができるためです。車内でのエンターテインメントに関心のある人にとっては、今のところ他メーカーから出される自動車よりも魅力的に映るのではないかと思います。

もう少し具体的に見てみると、AFEELA の車内ではプレステ5のゲームができるようになっているので、自宅でプレイした続きを車内で楽しむことが可能となっています[3]。また、映画会社「ソニー・ピクチャーズ」の配信する映画を車内で観ることのできる「ブラビアコア」のサービスも受けられるようになっています[4]。

ブラビアコアというのは高画質映画ストリーミングサービスのことで、ソニー製テレビのハイエンドモデル「ブラビアXR」の購入者に無料でついてくる特典のひとつです。この特典の具体的な内容としては、ソニー・ピクチャーズの映画が2年間見放題というだけでなく、最新の映画も10作品まで無料で観ることができ、さらにダウンロードもできるようになっています[5]。これを車内で観られるということなのですが、その際に、やはりソニーが近年開発した立体音響技術「360 Reality Audio」も体感できるようになっており、しかも乗車する人がそれぞれのシートで個別にその臨場感を実感できるようになっているということです。

私自身はほとんどゲームをしないのですが、音楽を聴くことに関してはこだわりがあり、車内の音響に関しても、かなりのこだわりを持っています。移動中のロードノイズが入ってくる環境であっても、一つひとつの楽器の音まできちんと聞き分けたいという希望を持っているのですが、それがなかなか満たされていません。自宅で使っているスピーカーも、外出中に使うイヤホンもそれぞれ自分なりのこだわりがあり、手に入れる際には時間をかけて試聴して購入しています。それぞれの環境に合わせて選ばざるを得ないので、不便さを感じているのは事実です。

実際、音響機器はそれぞれの環境に合わせてセッティングするための専門店があるくらいなので、こうした思いを感じているのは私だけではないでしょう。

車内音響に詳しい知人に聞くと、ロードノイズを拾ってしまうような車内環境であっても、立体音響技術であればかなり改善されるようなので、もしAFEELAを手に入れたとしたら私のこれまでの抱えていた顕在的な不便さや不満は解消されるかもしれません。加えて、車内で他のエンターテインメント・コンテンツやマイクロソフトとの連携により実現されるＡＩサービスにもアクセスできるということになれば、潜在的な部分でも満たされることにつながり、その便利さには感動さえ覚えるのではないかと想像しています。

これは、現在販売されているＥＶとはまったく異なる価値が提供されることになると言えるでしょう。言い方を換えれば、AFEELAは自動車業界とエンターテインメント業界との間で進められる業際化に対応した製品ということになります。AFEELAを手に入れることで自動車としての価値に加え、ソニーの誇る充実したエンターテインメント・コンテンツを享受し得るという利便性が提供され、精神的な部分での満足にもなり得るというのが私の考えです。将来、実際にこのAFEELAがつくり出す利便性空間に慣れてしまった顧客は、その状況を簡単には手放したくなくなるのではないでしょうか。

いずれにしましても、ここまで見てきたように業際化が進む状況下において、業界ごとに分断されていたような価値を簡単に手に入れられるといった利便性は、利用者を固定化させることに寄与するなど、競争戦略を考えていく上でとても大きな意味を見出せることが分かります。別の言い方をすれば、利便性が高く発揮されるような戦略が競争上有効であるということになるでしょう。では、この利便性はどのように創り出していけば良いのでしょうか。それを次に見ていくことにします。

## (2) 利便性を創り出すには

顧客からの支持が長期にわたって持続されるためには、「こんな不便さも解消されるなんてとても便利だ」といった利便性の向上に、戦略的に意味があるのはこれまで述べてきたとおりです。

では、こうした利便性の価値を戦略的に創り出すには、何が求められるのでしょうか。それは、これまで見てきたような、完成された製品やサービスなど、**事業を通じて利便性を提供する戦略**と、製品やサービスに組み込まれる**技術によって利便性を提供する戦略**の２つに分けて整理する必要があると考えています。前者はこれまで見てきたコンビニや

AFEELAのように、事業領域を業際化させていく戦略であり、後者は本書のまえがきで触れた「QRコード」のようにひとつの技術の用途を業際化させる戦略のようなケースです。QRコードについては第8章で詳しく見ていきますが、ここではひとつの技術が複数の業界で活用されるような戦略を想定しています。

これら2つのタイプのうちいずれであっても、事業の進め方や技術的課題などにより、自社単体でこうした利便性を創り出すことが難しいことは容易に想像できるかと思います。そのためここで求められるのが他社との連携、特に**異業種企業との連携**です。

この2つのタイプのうち、事業領域で業際化を目指すタイプでは、「誰と組むか」ということが戦略的に重要になってきます。先ほども触れたように、セブン-イレブンが銀行業に入るときには旧三和銀行と組みましたし、ソニーはまずホンダと手を組みました。

共通しているのは、どちらも新たな事業領域に参入し、そして成功させるために異業種企業との連携が進められているということです。同時に、自社に無い資源を異業種企業との連携によって補うことが目指されています。

一方、技術で業際化を目指すタイプの場合は特定企業と組むのではなく、業界を越えた不特定多数の企業と組むことに戦略的な意義が見出されます。もちろん、特定業界の特定企業との間で進められるような技術提携といった戦略も数多く見られますが、本書ではあくまでも「技術用途の業際化」に目を向けようと思います。つまり、「業種や業界を越えた不特定多数の企業で活用される技術である」ということに大きな意味が見出されるという考え方です。

そこで、業種や業界を越えた不特定多数の企業とどうやって連携するのかということですが、ここで重要となってくるのが**技術の標準化**、すなわち、技術標準ということになります。

技術標準については第7章で詳しくお話ししますが、QRコードがそうであるようにさまざまな業界で使われるような技術にするためには、標準化機関からの認証を得ることがとても重要となってきます。標準化機関の代表的なものがISO（International Organization for Standardization：国際標準化機構）です。こうした機関からのお墨付きを得られることで、その技術の普及促進にもつながりますし、すぐに消えてなくなってしまうような可能性を減らすことにもなるため、利用者側の安心材料にもなります。そして、こうした標準化機関での認証を得る上で効果的となるのが、多くの企業に支持されているという事実、あるいは実際にすでに利用されているといった実績です。そのため、技術標準を策定するためのコンソーシアムなどを形成し、当該技術に関心のある企業に会員として自由に参加できるような場が設けられることが多くなっています。

**表 2-1 事業領域の業際化と技術用途の業際化の違い**

| | 事業領域の業際化 | 技術用途の業際化 |
|---|---|---|
| 異業種連携先 | 特定の相手 | 不特定多数の相手 |
| 連携の目的 | 新規事業創造 | 技術標準 |
| 依拠する戦略理論 | ダイナミック・ケイパビリティ理論 | コーペティション理論 |

出所）筆者作成。

以上の内容を整理したものが表2−1です。この表のように事業領域で業際化を目指すタイプと技術用途で業際化を目指すタイプでは、異業種連携先や連携の目的で大きく異なることを理解する必要があります。そのため、それぞれがどのような競争戦略なのかを整理するためには、理論的な整理も必要になってきます。これがないと、両者の違いについての論理的な理解ができなくなってしまうからです。

本書では、前者に関してはダイナミック・ケイパビリティ理論、後者ではコーペティション（Co-opetition）理論に基づきながら整理できると考えています。

これらの内容について、さらに次の章で詳しくみていくことにします。

**注**

（1） 中川・日戸・宮本（2001）参照。

（2） このように精神的な満足のことを「情緒的価値」と言い、製品やサービスの持つ機能や性能、品質などの「機能的価値」とは分けて整理されています。

（3）２０２３年10月に開催された「JAPAN MOBILITY SHOW 2023」ではAFEELAのコンセプトカーが展示されていましたが、そのブースの担当者に確認したところでは、AFEELA車内にゲーム機が備え付けられているわけではなく、自宅にあるゲーム機をリモートで操作することが想定されているとのことでした。

（4）ソニーグループ公式サイト（https://www.sony.com/ja/SonyInfo/vision-s/ ２０２２年12月10日閲覧時点）。

（5）ソニーグループの公式サイトによると、本書執筆時点では対象の期間は２０２８年２月23日までとなっているとのことです（https://www.sony.jp/bravia/bravia-core/?s_pid=jp_/bravia/bravia-core/_campaign-03#feature-01 ２０２２年12月10日閲覧）。

# 3 業際化における戦略理論からの整理

ここまで本書では、顧客との関係性を持続させる上では利便性の提供が意味を持つということ、そしてそれを戦略的に進めるためには「事業領域の業際化」、「技術用途の業際化」の2つに分けて整理できることを述べてきました。

そこで、この第3章では事業領域の業際化戦略と技術用途の業際化戦略の2つについて、それぞれ理論的にはどのような違いがあるのかについて見ていき、それぞれの戦略を実行する上でどのような点に留意すべきなのかを探っていきたいと思います。

## (1) 事業領域の業際化戦略

最初に事業領域の業際化戦略について見ていきます。これは、前章の表2−1で示したように特定の異業種企業との連携を前提とした戦略です。

ここで、「特定の相手」と組むということの戦略的な意味がどこにあるかということについてですが、自社の保有する資源を活用する一方で、自社の事業領域を業際化させる上で不足する資源については外部から新たに取り入れ、それらを組み合わせることができるという点に見出せることになります。

このように書くと、なんだか当たり前のようにも思えますが、ただその当たり前に思えることが実は難しいことであるのも事実です。

というのも、「誰かと組むこと」それ自体が目的なのでは無く、本書では「顧客の利便性拡大のための業際化」を目的とした連携であるべきとの考え方に立っているためです。そのような捉え方でないと、顧客の利便性を拡大させるためにはどの業界に入っていくべきか、誰と組むべきか、そもそも何の資源が不足しているのか等が見つけにくくなってしまうように考えられます。

こうした問題に対して解決のヒントとなるのが、少し前に話題になった『両利きの経営』という書籍に見つけられます。

## 『両利きの経営』からの考察

チャールズ・A・オライリー教授とマイケル・L・タッシュマン教授の書かれた『両利きの経営』という書籍が2019年に出版されてから、実に多くの方々に読まれています。既存事業を深化させるだけでなく、新規事業を探索することの重要性を、著名な企業の事例を多く用いながら、分かりやすく論述されている同書は、多くの方に関心を持たれている書籍となっています。

事業探索を通じて新たな事業領域に進出するという話は、事業領域の業際化と密接な関係があるので、ここで少し同書について詳しく見ていきます。

同書は、競争戦略論の中でも近年重視されている考え方のひとつ、ダイナミック・ケイパビリティ（DC）理論に基づいた検討が行われているため、私自身もそうであるように、競争戦略論を専門に研究する者にとって学術的にも高い関心の持たれた書籍となっています。実際、私の講義や講演でも取り上げることの多い書籍のひとつです。

DCとは、簡単に言えば、変化する環境に合わせて自社をもっと強い体質にしていくために変革していこうという考え方です[1]。自社の持つ組織的な強み（専門的には「資源ベース」）を、外部の力も活用しながら意図的に創造し、拡大し、そして修正する能力（Helfat et al. 2007）がDCの考え方の基本にあるのですが、この考え方に立つとき、特定の異業種企業と組むといった連携に戦略的な意味を見出せることになります。

同書は、新規事業を探索することの重要性が述べられている内容ではありますが、とは言え単に何か新規となる事業を探せば良いということではありません。同書で強調されているのは、「既存事業をよく見ていく過程に新規事業のヒントが見つかる」というものです。このメッセージは、企業規模の大きさにかかわらず普遍的なものであるので、もう少し掘り下げてみようと思います。

## 既存顧客の洞察

右で挙げたメッセージには、**既存顧客を洞察することが重要である**という意味が込められています。当然のことながら、既存事業を進めていく上では既存顧客との関係性を維持することが求められますが、そのためには「既存の顧客はさらにどのようなことを求めているか？[2]」という問いに対する答え探しが事業探索につながると主張されています。

つまり、この問いを持ち続けることが、揺れ動く顧客心理を把握することにつながり、またそれにより環境変化への対応にも通ずるということになります。また、この問いから導き出される解として、たとえば新サービスや新製品を探索するような場合に、社内にある既存の資源で賄えるものかどうかを検討し、不足するのであれば外部からの調達も重要であることについて、同書で述べられています。

これは、DC理論で重視されている「変化対応的な自己変革能力」が、企業の持続的成長には重要であることを説明しているのですが、私自身がここで重視したいのは、「既存顧客の洞察」です。

いきなり新規事業を探すというのではなく、既存顧客をよく見る過程において、ヒントを見つけていくというプロセスが大事だという点をよく理解しておく必要があるように考えています。

**既存資源の活用を通じた業際化**

また、この問いからは、もうひとつ大切な意味を見出すことができます。それは、**既存資源の活用を通じた事業領域の業際化**ということです。

既存顧客との関係性を維持していくためには、当然のことながら既存事業を発展（深化）させていくことが必要となりますが、そのためには自社ならではの強みも正確に認識されていなくてはなりません。

たとえば、「高品質でしかも短納期」などが顧客に評価されている製造業があるとすれば、その価値を顧客に提供し続けることのできる組織能力が強みになりますが、大切なのはそれがなぜ実現できているのか、本質的な部分から把握されていることが重要となります。このことが理解されることによって、何を強化すべきかその方向性が明確となり、結果として既存事業の深化につながることとなるからです。

既存事業を深化させていく過程において、既存顧客が他にどのようなものを求めているかといった先の問いに対して探索活動が行われ、そしてそこから事業領域を拡大させるとき、それを『両利きの経営』という概念で捉えられているのですが、私自身はそれを事業領域の業際化という概念で捉えています。

本書第1章で示した図1-1（5頁）で言えば、縦軸の上の方向への展開ということになるわけですが、実はこのときに利便性が意味を持ってくることになります。というのは、既存事業における顧客が業際化を通じて利便性が得られ、そしてそれが顧客にとって真に満足のいくものであれば、顧客を離れにくくさせる可能性にもつながるからです。戦略的にはとても大きな意味があります。

このように考えますと、既存顧客との関係を維持していくためには、あくまで既存事業で活用されていた資源による事業活動は重要で、その上での業際化という考え方が求められると私は考えています。

**図3-1　事業領域の業際化における戦略ポイント**

①　既存顧客の洞察に基づく事業探索

②　既存資源の活用を通じた業際化

③　新たな資源獲得のための異業種連携

出所）筆者作成。

**新たな資源獲得のための異業種連携**

とは言え、新たな事業領域において既存資源だけで賄うことは一般的に難しいので、その場合に新たな事業領域において有効な資源を持つ企業との連携が現実的となってきます。つまり、事業領域の業際化と異業種連携は戦略的に密接な関係にあると言えることになります。

この異業種連携という言葉の意味について、一般的には「今まで自社に無かった何か新しいアイデアを誘発させるために、これまで付き合いの無かった業界の企業と連携する」、というような捉えられ方もあるのですが、ここではそのような意味で捉えていません。

もちろん、そうした効果も否定できませんが、本書ではあくまで**既存顧客の利便性を向上させる上で、不足する資源の獲得のために連携する**という捉え方が重要と考えています。

以上のように見てみると、「事業領域の業際化」においては戦略的に押さえるべき重要なポイントとして、①既存顧客の洞察に基づく事業探索、②既存資源の活用を通じた業際化、③新たな資源獲得のための異業種連携、等が求められることとなり、その目的としては既存顧客が得られる利便性の拡大にあるということになります。

実際、『両利きの経営』の中で紹介されている著名企業のひとつに Amazon がありますが、今日 Amazon が広範なサービスを展開するように至った背景にも既存顧客の洞察があり、既存資源の活用を通じて業際化が進められ、そして新たな資源については他社から獲得されてきたことが挙げられていますし、顧客は大きな利便性が得られるようになっていることが分かります。同じことは本書でこれまで紹介してきたセブン-イレブンやソニーにみる事業領域の業際化にも言えることです。

では、技術用途の業際化についてはどうでしょうか。

## (2) 技術用途の業際化戦略

技術用途を業際化させる戦略を実行するような企業は、その前提として新たな技術を開発し、その技術をもって収益化を目指すような企業であること、ということになります。イメージしやすいのは、いわゆるテック企業と呼ばれるようなイノベーティブな企業です。ですが、一般的なイメージで捉えられる技術戦略とも大きく異なるので、少し丁寧に説明していきます。

図 3-2　クアルコムの売上と純利益の構成（2023 年度）

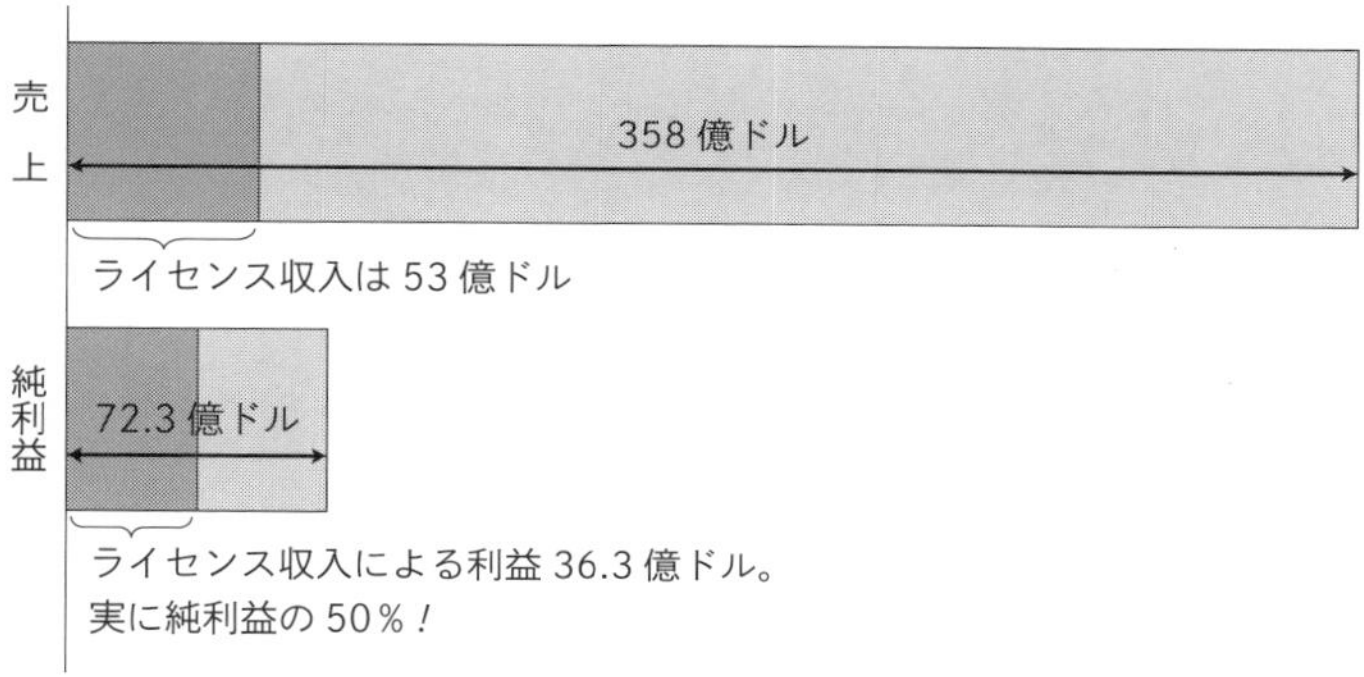


出所）クアルコム社の発行するアニュアルレポート 2023 の記載内容により作成。

テクノロジーオリエンテッド（技術志向）な企業の場合、一般的にイメージしやすいのは、独自技術を特許で保護し、その技術を利用したいという企業に支払ってもらう特許料（ロイヤリティ）を収益化に結びつけることだろうと思います。

たとえば、ロイヤリティ収入を重視する著名な企業にアメリカのクアルコムがありますが、同社の２０２３年のアニュアルレポートによると売上高は３５８億ドル、純利益は72・3億ドルと発表されています。その利益率は20％ほどとなっており、同社のこれまでの業績からすると控えめな数値となっているのですが、そのような中でも同社のライセンスからの収入が同社の利益を支えていることが分かります。アニュアルレポートによると、同社の売上のうちライセンス収入は53億ドルとなっており、そのうちの36・3億ドルが純利益となっているとのことです。ということは、同社の純利益のうちの実に50％がライセンスからの収入によるものだということになるわけです。

アップルも独自技術をもとにライセンス契約を重視する企業として有名です。同社にはiPhoneやiPad向けに開発されたたくさんの技術がありますが、これらの技術にはMFi(Made for iPhone/iPad) と呼ばれる独自の認証プログラムを用意し、iPhone関連製品をつくるサードパーティはこのMFi認証を得るためのライセンス契約を結ばなくてはならないというルールを設けています。これによりどのくらいのライセンス収入になるのか、アップルは発表していませんが、一部の報道によれば「Lightning」等の独自規格について、コネクタ1個あたり4ドルのロイヤリティと言われています。[3] ここから得られる収入も決して小さくはないと思いますが、そのことに加えアップル独自の規格で自社の思惑どおりの競争ルールを構築できるという意味は戦略的に大きいと言えるでしょう。

このように、一般的には独自技術は自社の戦略のなかで活用される貴重な資源となります。この考え方の背景にあるのが、「開発した技術は自社のもの」というものです。

ところが、ここで紹介したい技術用途の業際化戦略の場合にはこうした考え方ではなく、「開発した技術はみんなのもの」と捉えられるような技術となっています。どういう

**図 3-3 技術用途の業際化戦略の考え方**

| | |
|---|---|
| 特定企業主導型 | 特定企業の開発により生まれた技術を業際化させるタイプ |
| 異業種連携型 | 異業種連携を通じて開発される技術を業際化させるタイプ |

出所）筆者作成。

ことでしょうか。

## 開発した技術はみんなで使う

「みんなのもの」とは言っても、もちろん利用者側に所有権が与えられるわけでは無いので、厳密にはみんなのものになるわけではありません。正しくは、多くのユーザーに自由に利用してもらうことを優先した考え方となります。より端的に言えば「みんなで使おう」という発想です。

この発想を実践するために具体的にどのように進められているかと言うと、大きく分けて2つに整理できます。ひとつは、ある企業が単独で開発した技術を業際化するようなタイプです。これを「特定企業主導型」と呼ぶことにします。第8章の中で詳述するQRコードはこのタイプになります。

もうひとつは異業種連携により開発した技術を業際化するようなタイプです。これを「異業種連携型」と呼ぶことにします。やはり第8章で紹介するRFIDはこのタイプになります。

どちらのタイプにも共通するのが**技術の標準化**です。技術の標準化について詳しくは第7章でお話ししますが、ここで少し触れておくことにしましょう。

そもそも標準化というのは、モノの形や構造などの仕様を統一にすることを言います。統一することによって、利用者に使いやすくするためです。

たとえば、日本の電気コンセントは縦長の２つの穴となっていて、日本国内であればどこに行ってもこの形で標準化されています。だから、スマホの充電など急にしなくてはならなくなってしまったときにも、普段使用している充電器がすぐに使えるようになっています。

電気コンセントの場合は公的に標準化されており、業種や業界を問わず、それこそ「みんなで使おう」という技術用途の業際化を代表するような規格になっていますが、それを民間企業主導で進めようとする傾向が見られるようになってきており、「特定企業主導型」や「異業種連携型」のいずれかによって技術標準が進められているのです。

具体的にどのように標準化が進められるかというと、どちらのタイプにおいても標準化を進めるための場としてのコンソーシアム（以下、単にコンソーシアム）が形成されることが一般的となっています[4]。

こうしたコンソーシアムの多くは、年会費を払えば会員資格が得られるような組織となっており、標準化される技術に関心のある企業が集まり、会員間の協議によって標準化が進められます。中には、すでに開発が進められている技術に対して会員企業のアイデアも加わって、より洗練されていくようなこともあるのですが、こうしたバージョンアップした技術も「みんなで使おう」という考え方の中で運用されるケースが最近では珍しくなってきています。

## ロイヤリティフリーによる運用

ただ、中にはそのアイデアは自分のものだから、この技術のうち自分のアイデアに見合った分は技術の使用料を要求するといったことから生ずるトラブルも無いわけではありません。加盟する会員企業にとって最も困ることのひとつが、パワーを持つ一部の企業の思惑が優先されてしまうようなケースです。こうなってしまうと、「みんなで使おう」という方針に支障を来すことにもなってしまいます。

そのため、多くのコンソーシアムではトラブルを未然に防ぐためにルールが設けられており、特にロイヤリティの扱いに影響を与える知的財産（知財）に関しては、ＩＰＲ(Intellectual Property Rights) ポリシーが定められ、コンソーシアムに加盟する時点であらかじめこのルールに賛同することが求められるようになっています。

このＩＰＲポリシーは各コンソーシアムの考え方によってその細部は異なるものですが、標準化される技術の扱いにおいて特許権者にロイヤリティを認めるか（有償実施許諾）、あるいは完全に無償実施許諾とするか（**ロイヤリティフリー**）、というようにその運用方法は大きく2つに分類されます。

これらのうち、トラブルを極力未然に防ぐ上で効果があるとされているのが、ロイヤリティフリーでの運用です。一般に、標準化された技術のことを**業界標準**と言うのに対し、業際化に対応する標準のことを本書では**業際標準**と呼ぶことにしますが、業種や業界の違いを越えた普及を目指す業際標準の場合は特に、ロイヤリティフリーでの運用が増加してきています。ロイヤリティフリーで使える技術であれば、あとで使用料を請求されるようなこともないのでユーザー企業側も安心して使えることになり、その分市場の拡大につながることにもなるためです。このように「みんなで使おう」という発想のもとに展開される技術用途の業際化戦略においては、市場の拡大を優先させるという視点がとても重要となってきます。ＱＲコードやＲＦＩＤもそうした視点を持った技術と言えるものになっています。

## ＩｏＴで増えるロイヤリティフリー

こうしたロイヤリティフリーでの運用が顕著な分野として挙げられるのがＩｏＴ(Internet of Things：モノのインターネット）です。ＩｏＴではあらゆるものをネットにつなげることで多くの利便性をユーザーに提供できるため、技術用途の業際化を前提とした技術開発が多くなります。

ＱＲコードやＲＦＩＤもＩｏＴと密接に関係する技術となっているのですが、それ以外の技術の動向も把握したかったので、以前私はＩｏＴ関連のコンソーシアムがどのように知財を運用しているかを調べたことがありました。調査したのは２０１８年だったのですが、その当時活発に活動していた世界のＩｏＴ関連コンソーシアム67機関のうち、51機関においてロイヤリティフリーで運用することが規定されていました。割合にするとおよそ76％にもなります。(5) 逆に、有償実施許諾とするコンソーシアムは９機関（約13・４％）となっており、残りの７機関は有償か無償かの選択が特許権者に任されているようになっていました。ＩｏＴに関するコンソーシアムでは、実に８割近い機関においてロイヤリティフリーで運用されているのです。

ちなみに、有償実施許諾とするコンソーシアムでは知財に関するトラブルに対してどのように備えているかというと、権利を持つ企業はユーザー企業に対して、「公正で合理的かつ非差別的に実施許諾する」ということがIPRポリシーでルール化されていました。本書第９章でも詳述しますが、正式にはFRAND（Fair, Reasonable, And Non-Discriminatory）と呼ばれ、有償実施許諾を前提にしており、権利者が実施者に対して実施許諾する場合、公正、合理的かつ非差別的にライセンスすることを意味するものとなっています。

## 不特定多数の相手と組む

以上のようなことを踏まえ、技術用途の業際化のためにつくられるコンソーシアムとはどのような存在かを考えてみると、**業際標準化のために協力する企業の集団**という意味を持つことがわかります。ロイヤリティフリーで運用するコンソーシアムの中には、数万社が集まる大所帯な機関もあれば、数十社で構成されるものもあります。ですが、私が調べた67機関はすべて、規模に関係なくたとえ小さな規模のところであっても会員企業を広く募るべくウェブサイトで募集されていました。ということはつまり、技術用途を業際化させるためには**不特定多数の企業との連携が進められている**ということがわかるのです。

## 自社の儲け口の設定

その一方で、大きな疑問も生まれます。それは、みんなで使うための技術を、コンソーシアムまでつくり手間暇かけて標準化したとしても、中心的に技術開発を進めた企業は果たしてどうやって儲けていくのか、という疑問です。普通に考えると、誰もが利用したくなるような優れた技術であれば、わざわざコンソーシアムまでつくって技術を標準化させるなど面倒なことをしなくても普及していくだろうと思えますし、またその方が自社の思惑だけで進められるので手っ取り早いと考えることもできます。

ところが、そうでは無いのです。そうでは無いと言い切れる根拠には2つあり、ひとつは制度的な側面が挙げられます。具体的には第7章で述べますが、規格の乱立を防ぐ上で国際交易上のルールがＷＴＯ（世界貿易機関）において設定されており、国際ビジネスで用いられる技術の場合には国際的な標準化が求められているのです。

そしてもうひとつは、戦略的な側面です。業際化が進む環境の中では**利便性が優位性を持つ**という、これまで本書で述べてきている考え方です。業際標準化された技術はさまざまな活用ができるため、その分その技術の利便性が増すことになります。利便性が高められることによって、普及の可能性も高められることにつながります。

とは言え、ロイヤリティフリーであればいくら使ってもタダで使われることになり、いくら使われても先のクアルコムやアップルのようなロイヤリティ収入は見込めません。いったい技術を開発した企業側はどうやって儲けていくのでしょうか。

このことについても詳しくは第3部の中で述べることになりますが、ひとつには業際標準化された技術が盛り込まれた製品を数多く揃えて販売するという方法が挙げられます。業際化されているだけに、業界を越えて広く顧客を獲得することが可能です。

あるいは、ロイヤリティフリーとなっている技術のバージョンアップ版を出し、その新たな技術についてはロイヤリティを有償化するという戦略も考えられます。近年では、オープンＡＩ社の「Chat GPT」でこうしたやり方が進められています。いずれにしろ、自社の儲け口をきちんと設定しておくことが戦略的に重要となってくるのです。そして、競争戦略論的には、この考え方がコーペティション理論で説明できるということになります。

### 技術の業際化にみられる競争戦略上の意味

コーペティションという概念は、ニューヨーク大学Ａ・Ｍ・ブランデンバーガー教授とイェール大学のＢ・Ｊ・ネイルバフ教授によって提唱されたもので、協調を意味するCooperationと競争を意味するCompetitionの2つを結びつけた造語です。そのため、日

**図3-4 技術用途の業際化における戦略ポイント**

① 業種や業界の枠を超え，多くのユーザーと共有

② 自社の儲け口の設定

出所）筆者作成。

本では「競争と協調の戦略」という意味で捉えられています。

ただ、このコーペティション理論における協調というのは、単に助け合うという意味ではありません。本書の内容に則していうなら、まずはみんなで使えるよう技術をオープンにし、それを通じて市場を拡大するための活動を意味しています。そして、市場が拡大した後、各社自分たちの顧客を獲得する段階では競争するという考え方です。

日本には似たような概念に「オープン&クローズ戦略」と呼ばれる考え方もあるのですが、あくまで競争戦略論における世界的な学術研究の観点から整理する場合には、コーペティション理論が適切だと言えます。

このコーペティション戦略の理論について見方を変えると、自社にとって都合が良くなるように周辺環境をつくり変えていく戦略であると捉えることもできます。ただしその一方、業際標準を策定するコンソーシアムの例で考えると、**標準必須特許**を持つ企業側にとっては当該特許によるロイヤリティ収入が見込めないなどのデメリットにつながることもあり得ます。この標準必須特許というのは、標準化を進める上で必ず使用される特許のことを言います。したがって、そのような特許を持つ技術からロイヤ

リティ収入が見込めないのはデメリットにはなるのですが、その技術がいろいろな使われ方のできるような技術であれば、つまり利便性の高い技術であれば、そのコンソーシアムには当該技術を利用するユーザー企業を多く引きつけることにもなるので、将来的に自社製品の顧客になる可能性も生まれます。

このように、技術用途の業際化の戦略を考えるとき、業界の枠を超えたさまざまなユーザーを増やすことが大事な意味を持ち、そのためにコンソーシアムを形成したり、あるいは自社の権利を無償化するなどしてユーザーを増やすといった方法が戦略的に重要な意味を持ってきます。ただし、当該技術を開発する企業にとっては、自社固有の儲け口をセットしておくことが重要となります。

以上、この章では、異業種連携を通じた業際化の戦略がどのように進められているのか、という視点から述べてきました。その際、カギを握るのが「誰と組むか」という問題でしたが、それには大きく分けて特定の相手と組むか、あるいは不特定の相手と組むか、という2つに分けて整理できることを述べました。

次の章からは第2部として、特定の相手と組む異業種連携を通じた事業領域の業際化の事例をもとに深掘りしていくことにします。まず最初はトヨタからです。

## 注

（1）ＤＣ論を唱える代表的な研究者に Teece 氏がおり、同氏はＤＣ論を企業の行動理論（March and Simon 1958, Cyert and March 1963）、取引費用経済学（Williamson 1975）、企業の進化論（Nelson and Winter 1982）などの関係諸理論を基に発展してきたと述べています（Teece 2009）。

（2）*Ibid.*, p. 103。

（3）Fords JAPAN ２０２３年2月13日号（https://x.gd/Vf21h）参照。

（4）コンソーシアムなどを形成せずに標準化される技術もあるが、ここでは図3-3にみる2つのタイプについて記載。

（5）詳細は Uchida（2019）を参照。

# 第2部

# 事業領域の業際化

# 4 トヨタの業際化戦略

前章では、異業種連携について述べてきましたが、その際に「事業領域の業際化」と「技術用途の業際化」の2つの側面から業際化の戦略について整理してきました。これらいずれにも共通してカギを握る概念が利便性でした。

この第4章から始まる第2部では、企業規模や業種の異なる3つの企業の事例を深く掘り下げる中で、事業領域の業際化の戦略を見ていきます。事業領域の業際化に向けては、「特定の相手と組む戦略」をどのように進めているのか、特に図3-1に示した「事業領域の業際化における戦略ポイント」（①既存顧客の洞察に基づく事業探索、②既存資源の活用を通じた業際化、③あらたな資源獲得のための異業種連携）を確認しながら考えていきます。

まず、最初は世界を代表する自動車メーカーであるトヨタ自動車（以下、トヨタ）から見ていきましょう。

## (1) トヨタの近年の動向

トヨタは現在、世界でもっとも自動車を販売している企業となっており、２０２０年から４年連続して販売台数で首位となっています。[1]また、２０２４年３月期の売上高も過去の記録を塗り替えており、日本企業では初めて営業利益で５兆円を突破させています。[2]

とはいえ、後述するとおり自動車業界を取り巻く環境は大きく変化してきており、現在の地位を維持していくためにはこの変化への対応をうまくしていかなくてはなりません。

トヨタは２０２３年４月、14年ぶりに社長が豊田章男氏から佐藤恒治氏へと交代しました。トップは代わりましたが、各社の報道を見る限り、同社の基本的な方向性を定める軸はそれまでと一貫している印象を持ちます。それは、「全方位戦略」という考え方です。

今日、世界的に環境規制が強化されつつある中、アウディは２０２６年以降、メルセデス・ベンツは２０３０年以降に販売する車はすべてＥＶにすると発表しています。[3]ただ２０２４年に入り、メルセデスが掲げていた目標は達成が困難であると発表したり、アップルがＥＶ開発から撤退するなど、ややトーンダウンするような傾向も見られますが、Ｅ

V化への動きそのものは今後も続くものと見られています。

こうしたEVシフトが進むこの業界において、大衆車から高級車までを揃えるトヨタが、すべてEVに切り替えるのではなく、同社ではHV（ハイブリッド）車はもちろん、燃料電池車（FCV）、さらには水素エンジン車も含め、それぞれの開発の力を抜かないという意味で「全方位（マルチパスウェイ）」を目指すと宣言しているのです。

これらの動力源の中で、内燃機関を用いるエンジンはHVと水素エンジン車となりますが、HVはガソリンを燃焼させるため脱炭素とはなりません。ところが、水素エンジンであれば内燃機関を用いながら燃焼させるのは水素なので、脱炭素が実現されるということになります。現時点で、実用化段階まではまだかなりの技術的ハードルがあるようですが、すでに国内の24時間耐久レースなどでの完走にも成功させており、実績も積み始めています。

こうした内燃機関を含めた「全方位戦略」を強調する姿勢が意味するのは、内燃機関に強みを持つトヨタにとって、その既存の技術領域を深化させる活動であると言えるでしょう。実際、内燃機関を前提としてつくられてきた自動車産業の雇用を維持できるということにもつながります。

ですが、水素エンジン車の開発を続けることは、既存のユーザーに対しても大きな意味を持つように感じられます。このことと関連し、トヨタの技術開発を指揮するギル・プラット氏は、２０２３年1月のダボス会議の席上、トヨタの「全方位戦略」について、興味深いコメントをしています。それは、「われわれは顧客が製品をどのように使用するかを気にかけている」というものと、「顧客の視点から製品全体をみている」というコメントです[4]。

実際、完全にＥＶへシフトしてしまうことで、内燃機関の発する音がなくなってしまうことに戸惑いを感じるユーザーもいるはずです。私自身もその一人です。その点、水素エンジン車が実用化されれば、二酸化炭素の排出をなくしながら、内燃機関の運転に親しんだ既存のユーザーにも受け入れられることになります。水素エンジン車の開発で陣頭指揮を執っている豊田章男氏は、自身がレーシングドライバーとしての資格を持ち実際に大きなレースに参加されているようですが、その同氏が全方位戦略に対して「選択肢を残す」[5]という発言をされているわけです。こうしたトヨタの取り組みからは、「既存顧客の洞察を通じた事業探索」が行われているように私には感じられます。

そこで、トヨタが顧客から支持を得られるようにする上でどのようにしているのか、それを利便性マネジメントの視点から見ていき、その内容を通じてトヨタがどのように業際化を推進しているのか、ということについてこのあと詳しく見ていくことにしましょう。

## (2) トヨタの利便性の中身

トヨタが自社の顧客に対して提供している利便性は、先に紹介したソニー・ホンダのAFEELAで提供される利便性とは質的にまったく異なるものであろうと考えます。AFEELAでは、エンターテインメント分野における利便性が提供されるように考えられたわけですが、トヨタの場合はそうではなく、あくまでも「走る」、「曲がる」、「止まる」という車でもっとも基本となる機能的な側面での利便性が提供されるように思えるからです。それが、「全方位戦略」という言葉で表現されているというのが私の見立てです。

燃費を重視する顧客もいれば、モータースポーツを趣味とする顧客もいます。週末にキャンプを楽しむ顧客もいれば、ラグジュアリーな雰囲気を好む顧客もいるわけです。こうしたさまざまな要望に対して、「全方位戦略」は対応可能となり、顧客側からすれば、顧客の抱える潜在的、あるいは顕在的な不便さや不満を解消する答えが用意されているものと捉えることができます。

ですが、こうしたモノづくりに長けたトヨタの利便性は、モノとしての機能を多様化させていることからだけではなさそうです。車をどのように利用するかといった側面でも多様化されてきています。

近年、自動車メーカーは車を販売する上で新車だけでなく、メーカー系の正規販売店が認定する中古車もありますし、同じくメーカー系のレンタカーやカーリース、さらにはカーシェアなど、多様な方法が用意されています。

トヨタも同じなのですが、トヨタの場合には自動車保険やクレジットカードなどをうまく組み合わせながら、独自の事業が展開されています。そのひとつが「KINTO」と呼ばれるサブスクリプションサービスです。

この事業は一般的なカーリースとよく似ているのですが、大きな違いは毎月の支払金額に任意保険の料金まで含まれている点です。一般的なカーリースの場合には、任意保険は毎月のリース料とは別に負担する必要がありますが、KINTOではそれが含まれています。その分、毎月の利用料が高くなるかと言えば、個人的に試算した限りではそれほど変わらない印象でした[6]。

また、毎月の利用料はクレジットカードで支払うこともでき、それをトヨタが発行する「TS CUBIC CARD」で支払うことにより貯まったポイントはキャッシュバックされるなどの特典が得られる仕組みとなっています。

実は、このKINTOの事業で大きな役割を担っている自動車保険には、トヨタ系の旧千代田火災海上保険の流れを汲むあいおいニッセイ同和損害保険が使われており、またクレジットカードにおいてはトヨタの金融事業を担うトヨタファイナンスが担当しています。貯まったポイントは、トヨタ系のカー用品量販店「ジェームス」で利用できるなどといった連携も確保されています。

このように、トヨタはモノとしての車を「全方位」で用意するということだけでなく、車との関わり方においても顧客のさまざまな要望への対応が可能となっていることが分かり、トヨタなりの利便性が提供されていることが窺えます。これらの利便性の提供がトヨタ車ユーザーをつなぎ止め、今日の販売実績にもつながっているように感じられるのです。

もうひとつ、ここで押さえておきたいのは、こうした利便性の提供が、同社にとって車という既存資源を活用しながら自動車保険事業やクレジットカード事業などへの業際化を通じて実現されているということです。事業領域の業際化を通じた利便性の提供が感じられます。

では、こうしたトヨタの業際化はどのように進められてきているのかについて、次で見ていくことにしましょう。

## (3) トヨタの異業種連携の実態調査

今も見てきたように、トヨタは車を作るだけでなく、さまざまな事業分野にまで拡大させてきており、業際化に向けてこれまでも積極的に推進してきていることが分かります。ただ、当然のことながらいきなり業際化が進められるわけではないはずです。本書でもこれまで見てきたように、ソニーはホンダと、セブン-イレブンは旧三和銀行と組みながら業際化が進められてきています。トヨタもさまざまな異業種企業との連携があるだろうと考えられます。

このような問題意識から、私はトヨタがこれまでどのような企業と連携してきたのかについて、調べたことがあります。そこから分かったことは、近年ますます異業種企業との連携が強化されてきているということでした。その内容についてここで紹介しながら同社における業際化の進め方を見ていこうと思います。

**調査の内容と方法**

調査の詳しい内容は別のところで詳しく書いているので[7]、ここでは本書の内容に関連する所のみを紹介していきますが、私が知りたかったのはトヨタがどのように国際化と業際化を進めてきたか、そのプロセスにありました。

国際化も業際化も自社単独ではなく、他社との連携の中で進められると思ったので、どこの国のどの企業と連携してきたかを把握できれば、国際化と業際化のプロセスの手がかりが得られるだろうと思ったわけです。

そして、それを調べる上では新聞に記事として掲載されたものを整理することである程度把握できるだろうと考えました。トヨタの場合、常に日本を代表してきた企業なので、記事に掲載される可能性は高いと思えたからです。

そこで、トヨタが国際化を追求しはじめた１９７０年代から最近までの50年間、具体的には１９７０年1月1日から２０１９年12月31日までの期間において日本経済新聞に掲載された記事を見つけていきました。

方法としては、日経テレコンを用い、検索ワードには単純に「トヨタ」と「提携」の２単語のみとしました。「連携」ではなく「提携」とした方が、企業としての戦略的な意図が反映された中での連携となるため、私自身の関心により近づけられるように思えたためです。

この50年間の検索の結果、全部で４０６５件の記事が得られました。ただし、この中にはトヨタ本体の提携ではなく、トヨタの子会社が進めた提携も記事としてカウントされて

**図4-1　トヨタの連携先分類**

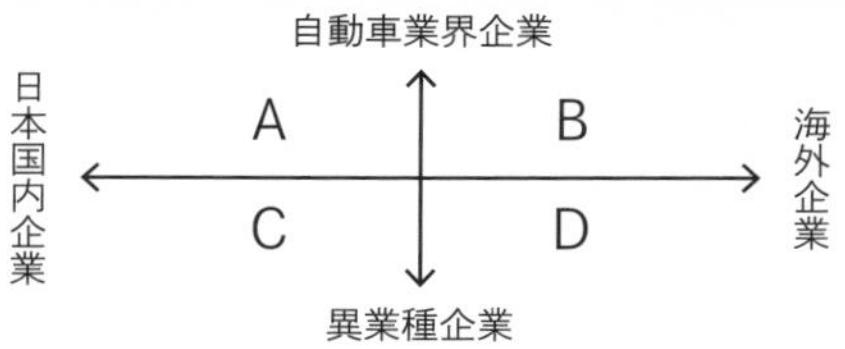


A：トヨタと日本国内の自動車業界企業との提携
B：トヨタと海外の自動車業界企業との提携
C：トヨタと日本国内の異業種企業との提携
D：トヨタと海外の異業種企業との提携

出所）筆者作成。

いたり、他社の提携に対して取材を受けたトヨタ関係者のコメントが掲載された場合も記事としてカウントされていました。あるいは、世界的に注目されるような提携の場合には、同じ提携の記事が何日かにわたって特集記事が組まれるようなこともありました。

そのため、４０６５件の記事を1件ずつ精査し、純粋にトヨタ本体と他社との提携数を絞り込んでいったところ最終的には２１１件となりました。その２１１件を図４-１のように４つのカテゴリーに分類したのです。

調査の目的は、要するにトヨタがどこの誰と付き合ってきたのかということでしたので、この4分類にした次第です。

このカテゴリーで、１９７０年代から２０１０年代まで、10年間隔で整理した結果が表４-１です。そして、この表４-１をグラフ化したのが図４-２になりま

表 4-1　トヨタにおける各種連携の集計結果

| | A | B | C | D | 合計 |
|---|---|---|---|---|---|
| 1970～1979年 | 3 | 2 | 1 | 0 | 6 |
| 1980～1989年 | 0 | 18 | 4 | 5 | 27 |
| 1990～1999年 | 5 | 23 | 12 | 4 | 44 |
| 2000～2009年 | 21 | 12 | 17 | 4 | 54 |
| 2010～2019年 | 15 | 11 | 28 | 26 | 80 |
| 計 | 44 | 66 | 62 | 39 | 211 |

注）・対象期間：1970 年 1 月 1 日～ 2019 年 12 月 31 日
・日経テレコンを用いた記事検索
・上記期間中に日本経済新聞朝刊に掲載された記事を対象
・対象事例：検索ワード「トヨタ」「提携」，全 4,065 件中，211 件
・トヨタ本体の意向が感じられない子会社の事例は対象外
・重複記事はまとめて一件
・提携相手が同一であっても内容が異なっていれば一件
・グループ会社がした提携は対象外
・A から D までの各分類は図 4-1 と同じ
出所）内田（2021），6 頁を一部改訂。

図 4-2　トヨタと他社との連携動向調査（1970～2019 年）

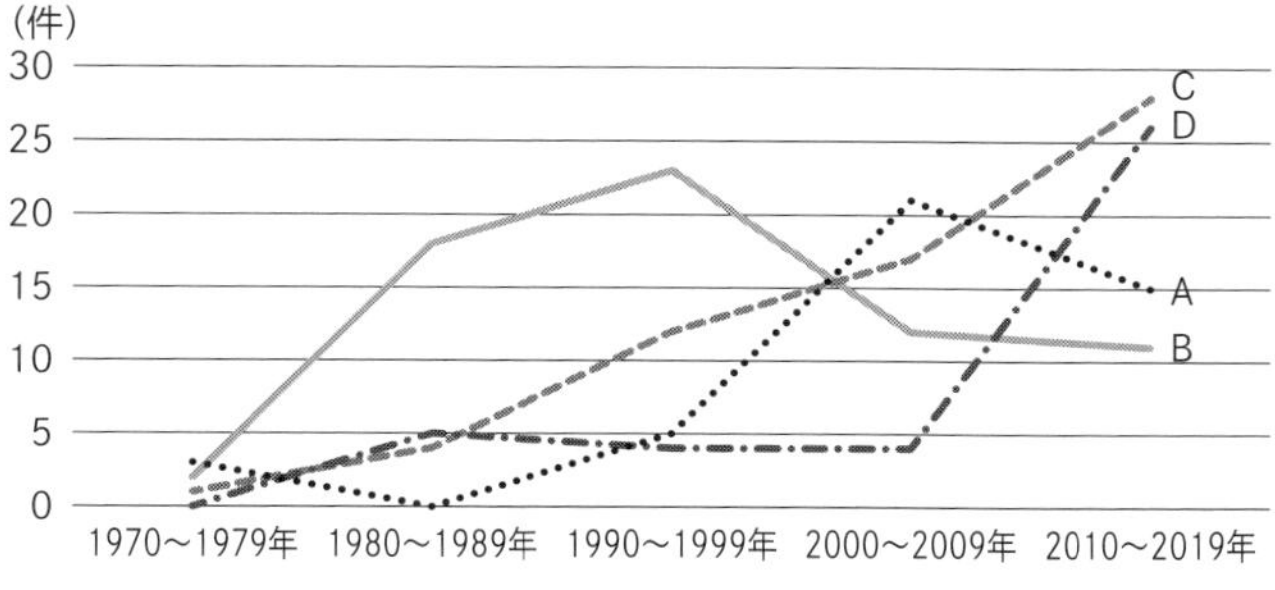


注）A から D までの分類は図 4-1 と同様に以下の内容によって分けられている。
A：国内同一業種企業との提携
B：海外同一業種企業との提携
C：国内異業種企業との提携
D：海外異業種企業との提携
出所）内田（2021），7 頁。

す。

**調査の結果から分かること**

図4-2からは大きく以下4つの特徴が見られます。

**① 80年代、90年代にBが推進されていること**

**② 2000年代にAが増加したこと**

**③ Cは一貫して増加傾向にあること**

**④ 2010年代に急激にDが増加していること**

これらのうち、業際化の進展という目線で見ると、③と④の動向に注目する必要がありますが、せっかくなので①と②についても簡単に触れておきます。

①に関しては、この当時、日米間での貿易摩擦が社会問題化したことを受け、トヨタをはじめ国内の自動車メーカー各社はアメリカの自動車業界企業との部品調達に関する提携を増加させたことが背景にあります。②については、トヨタが開発したHVやかつて同社が強化していた独自の車載情報システム「G-BOOK」を普及させるべく、他社へのライ

センシングが積極化されたことが背景にあります。(8)

これら①や②はいずれもトヨタとは同じ業界内企業との連携だったわけですが、ここでは③や④のように、トヨタと異業種企業との間での連携に注目していくことにします。まず③ですが、Ｃが一貫して増加している傾向を見る限り、同社はつねに異業種企業との連携が進められていることが分かります。先にクレジットカード事業についても触れましたが、同社では１９７６年６月にＪＣＢとの間で提携しています。他に、比較的話題になった事例を挙げれば、例えば１９９８年11月に発表された旧ＤＤＩとの提携を通じた移動体通信事業の強化、２００７年６月には旧松下電器との間で車載電池の開発等での提携が見られるようになりました。

これらはいずれも日本国内の異業種企業との提携ですが、海外の異業種企業との提携、つまり④については２０１０年以降に急激に増加していることが分かります。いくつか例を挙げてみると、マイクロソフトとのスマートグリッド関連ソフトの共同開発（報道日、２０１１年４月７日）、セールスフォース・ドットコムとの顧客向け情報サービスの開発（同、２０１１年５月21日）、グーグルとの間で車載情報サービスの充実化に向けて連携（同、２０１４年６月25日）、ウーバー・テクノロジーズとの提携を通じ、アメリカでのライドシェアのドライバーにトヨタ車をリース（同、２０１６年５月26日）などのように、米ＩＴ大手企業や配車事業者などとの提携を積極化させているだけでなく、他には中国の複数のＡＩベンチャーともそれぞれ提携関係を結ぶなどしています。

こうした活動の中、２０１９年12月に当時社長だった豊田氏がある宣言をしています。それは「モビリティカンパニーへのフルモデルチェンジ」というものです[9]。車というモノをつくって売るというビジネスモデルではなく、今後は街全体の価値づくりに資するよう車の「使い方」を売るということが主張されています。製造業としての企業からモノを通じたサービス業への業際化が感じられるメッセージであると私は捉えています。

これらは、③や④で見られた取り組み、特に④に対する積極的な行動の結果から出されたものであると考えられますし、それはつまり「新たな資源導入のための異業種連携」の積極化ということにつながるものと考えられます。

## 第４章のまとめ

ここでこの第４章の内容をまとめましょう。

第４章ではトヨタの業際化について見てきましたが、その内容を振り返ってみると、トヨタではＥＶへの完全シフトではなく「全方位戦略」の名の下、さまざまなドライバーの意向に合わせたモノづくりを続けることが宣言されています。また、内燃機関の強みを活かしながら水素エンジン車の開発も続けられている点などからは、既存の顧客を意識しながら水素エンジンという新たな事業が探索されていること（事業領域の業際化におけるポイント①）が分かります。

また、車の所有の仕方も多様化する近年の状況から、カーリース事業として新たに始められたKINTOを見る限り、自動車保険やクレジットカードなど、それまで社内に蓄積された資源をうまく活用しながら業際化が進められていること（事業領域の業際化におけるポイント②）も感じられます。このように、車を必要とする顧客にとっては、車というモノからもさまざまな選択肢が与えられ、また手に入れる方法に関しても多くの方法が選択できることを考えると、顧客に対して大きな利便性が提供されていると言えます。

そして、新たな資源を導入するべく、国内や海外企業との積極的な異業種連携を通じた業際化が確認されます（事業領域の業際化における戦略ポイント③）。

トヨタは日本でもっとも大きな売上高を上げる企業ですが、その背景にはこうした「事業領域の業際化における戦略ポイント」がそれぞれ進められてきていること、そしてそれを通じた利便性の実現が挙げられると私は考えています。

実際、前社長の豊田氏は２０１８年の決算説明会の場において、米ＩＴ大手など異業種企業による自動運転領域への参入を受け、「ライバルも競争のルールも変わり、生死をかけた闘い」であると発言されていました。[10]その新たな闘いにどう挑むかということに対し、豊田氏はトヨタの強みをこれまで以上に発揮するとし、その強みには「原価低減」と「トヨタ生産方式」が挙げられていました。

これだけ環境が激変するとご本人自ら発言されている中で、旧来からある強みをさらに磨いて臨むというそのコメントにはかなり驚いたのですが、これも既存資源を活用しながら業際化するという意識の表れのように感じられます。

ここまで、本章では日本最大の企業の業際化を見てきましたが、次章ではコロナ禍においても成長をさらに加速させた企業として注目されたアイリスオーヤマの業際化について見ていくことにします。

**注**

（１）日本経済新聞、２０２３年12月27日付。
（２）日本経済新聞、２０２４年５月８日付。
（３）アウディについては日本経済新聞、２０２１年６月23日付、メルセデス・ベンツでは日本経済新聞、２０２１年７月23日付で報道されています。
（４）いずれのコメントも静岡新聞、２０２３年２月23日付。
（５）日本経済新聞、２０２３年１月26日付。

（6） たとえば、「アクア（X 1.5L 2WD）」を頭金無しで5年契約とした場合、KINTOだと毎月４万４５５０円であるのに対し、業界大手のオリックスの場合には４万１５０円となりました。オリックスの場合には別途自動車保険が数千円程度上乗せされることになります。

（7） 内田康郎（２０２１）、Uchida（2024）

（8） 「G-BOOK」に関しては、当該システムで採用されていた独自規格の普及が目指されましたが、残念ながら２０２２年３月31日をもって当該サービスはすべて終了されています。

（9） トヨタ自動車公式ウェブサイト（https://global.toyota/jp/company/messages-from-executives/details/）を参照（２０２３年６月２日閲覧）。

（10） 日本経済新聞、２０１８年５月10日付。

# 5
# アイリスオーヤマの業際化戦略

本章ではアイリスオーヤマを取りあげます。前章でみてきたトヨタとは規模も事業内容も大きく異なりますが、コロナ禍においても持続的に成長した企業としては共通するものがあります。そして、その背景にある事業領域における業際化という点も共通していきます。

同社の成長につながる業際化は、いったいどのようなものか、本章で詳しく見ていくことにしましょう。まずは同社がどのような事業を進めているのか、そのあたりから見ていきます。

## (1) アイリスオーヤマの事業の概要

アイリスオーヤマと言えば、お米の銘柄ごとに水量を調整する機能をつけた炊飯器を他社に先駆けて製品化したり、よそったごはんのカロリーを表示する機能がついている製品を出すなど、競合他社とは少し趣向の異なる家電製品が話題になることの多い企業です。ですが、こうした家電製品だけでなく、マスクやペット用品など、私たちの日常の生活に必要な商品が多くつくられているなど、かなり業際化が進められている企業となっています。

同社の本社は仙台市で、仙台駅からも歩いて10分ほどのところにありますが、もともとは東大阪にありました。創業当初のことは、同社のホームページに掲載されている「アイリス物語」[1]に詳しく書かれていますが、それによると現会長の大山健太郎氏が19歳のときに急逝した父親の後を継ぐことになります。東京オリンピックが開催された１９６４年のことでした。その当時の社名は大山ブロー工業所と言い、プラスチック成形を得意としていた同社の年商は５００万円、従業員5名の小さな町工場だったそうですが、２０２３年12月期には年商７４５０億円、従業員はグループ全体で６０００名を超えるところまで来ています。

**図5-1　アイリスオーヤマの売上高推移（連結）**

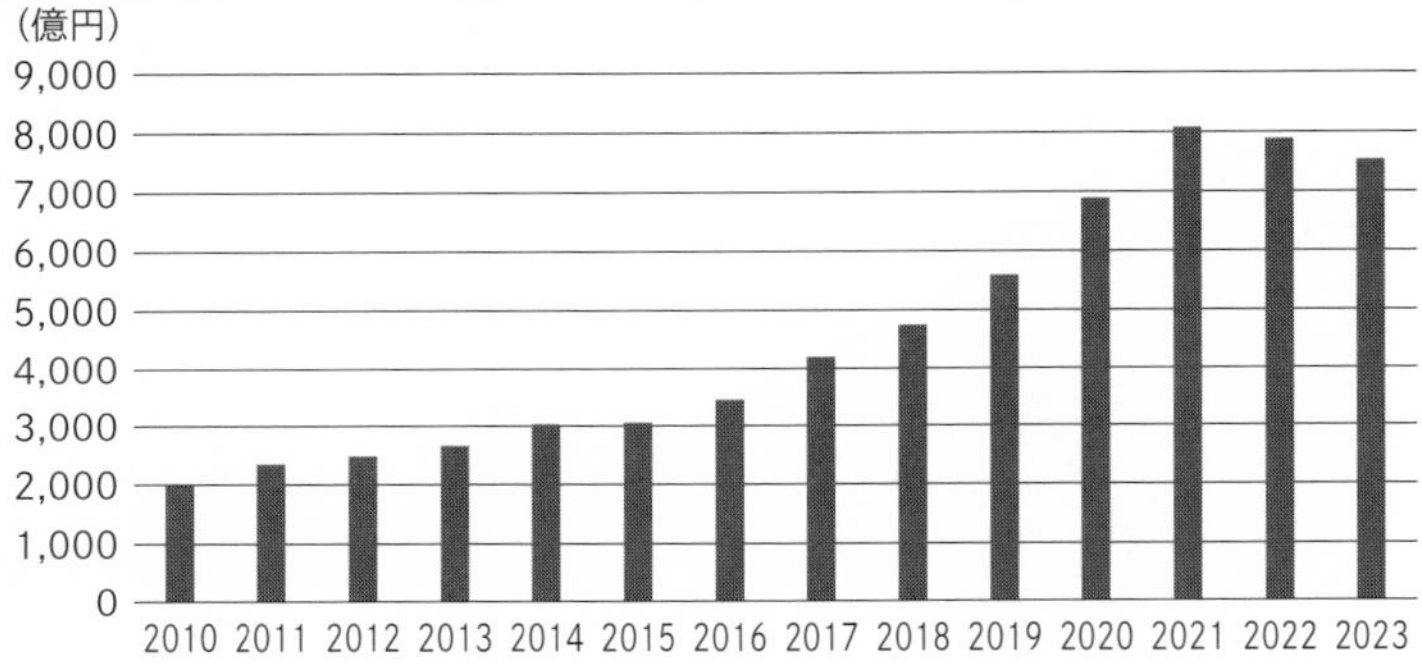


出所）日経クロステック 2021.8.27 号（https://xtech.nikkei.com/atcl/nxt/column/18/00001/05952/），および同社発表資料により作成。

同社が家電分野に本格的に参入したのは２０１０年代に入ってからです。図５−１はその２０１０年以降の売上高推移を示したものです。

家電市場への参入もあり、２０１０年以降は徐々に売上高を上昇させることに成功しています。健太郎氏の長男、晃弘氏が社長に就任したのが２０１８年ですが、それ以降も同社の売上高はそれまでの最高記録を塗り替えていることがわかります。

２０２２年から２期連続して減少しているのが少し気になるところではありますが、２０２３年12月期の同社決算速報によると、その理由としては円安に伴う原価高騰の他、コロナ禍の巣籠もり需要の減少に伴う家電事業やマスク事業の販売不振などが挙げられていました。ですが、コロナ禍が深刻化した2020年、2021年には、多くの企業が売上を低迷させていた中で、同社はその両年において大きな伸びを見せたことは注目したいところです。(2)

こうした同社の事業の成長の背景にあるのが何かと言えば、それは徹底した顧客志向です。

**徹底した顧客志向**

同社には、社内共通語として「ユーザーイン」という用語があります。これは、特に経営学の専門用語というわけではありませんが、同社の成長にとって欠かせない大切な意味を持った言葉となっています。その意味とは、ユーザー側の目線で事業活動をするというものです。

マーケティング戦略の用語としては、市場ニーズへの適合を優先させる意味での「マーケットイン」や、それとは反対にニーズよりも製品開発を優先させる意味での「プロダクトアウト」という考え方がありますが、これらはどちらも製品を供給する企業側の目線で捉えています。それに対して、ユーザーインでは製品を購入するユーザー側の目線という考え方なので、「自分自身がお金を払う立場だとしたらその商品を買うか」とか「自分ならいくら支払うか」などといった視点で商品開発が進められています。

また、同社では商品の価格設定においても独自のルールがあります。そのルールとは、まず価格を最初に決め、その中から自社の利益を差し引き、残った金額で原価計算するというものです。一般的には、コストを積み上げ利益も上乗せし、価格を決めるという方法がとられるものですが、同社はそうではなく、価格設定においてもユーザーインの発想で決めて行くなど、その姿勢は徹底されていることが分かります。

このような意味の込められたユーザーインですが、この発想がどこからきているかと言えば、それは健太郎氏自身の経営者としての経験からになります。同氏が小さな町工場を経営し始めたころ、厳しい下請けの仕事を進める中で開発された養殖用のブイやプラスチック製の育苗箱が大ヒットとなりました。どちらも軽くて壊れにくいというプラスチックの特性が、その当時のユーザーである養殖業者や稲作農家が抱える顕在的な不便さの解消につながったと言えるでしょう。

**企業理念に刻まれた思い**

しかしながら、１９７０年代に生じた二度のオイルショックは、プラスチック製品をつくる同社を急激に追い詰めていき、１９７８年には東大阪の本社を閉鎖するなどのリスト

**図5-2　アイリスオーヤマの企業理念**

1．会社の目的は永遠に存続すること。
いかなる時代環境に於いても利益の出せる仕組みを確立すること。
2．健全な成長を続けることにより社会貢献し，利益の還元と循環を図る。
3．働く社員にとって良い会社を目指し，会社が良くなると社員が良くなり，社員が良くなると会社が良くなる仕組みづくり。
4．顧客の創造なくして企業の発展はない。生活提案型企業として市場を創造する。
5．常に高い志を持ち，常に未完成であることを認識し，革新成長する生命力に満ちた組織体をつくる。

出所）アイリスオーヤマ公式ウェブサイト（https://www.irisohyama.co.jp/company/philosophy/）。

ラを行っています。そして、その当時多くの顧客がいた仙台に移ることを決断します。

その後、健太郎氏はこのときに抱いた強い思いをもとに、図5-2にあるような企業理念を策定します。全部で5つの項目から成り立っていますが、一つひとつが今日の同社に深く浸透されている大切な考え方になっています。

特に象徴的なのが、最初の項目ではないでしょうか。「いかなる時代環境に於いても利益の出せる仕組みを確立すること」というものがそれですが、どのような環境であっても利益を出せるというのは、極めて理想的であるかのような印象を持ちます。実際、同社ではいわゆるリーマンショックやコロナ禍においても、利益を出し続けることに成功させています。先にも触れた直近2年で連続して売上を減らしていますが、利益はきちんと出されており、「利益の出せる仕組み」が損なわれたわけではありません[3]。

ここで注目すべきなのが、この仕組みの根底にある「ユーザーイン」です。たとえ景気が悪くても、必要とするものであればユーザーは手に入れるだろう、そのためには徹底的にユーザーを見ようという思いがこの言葉に込められています。

その考え方は、企業理念の第1項目だけではなく、他の4つの項目すべてに絡んでくるものとなっているのですが、同社のこうした姿勢がうまく表現されていると思われるのが4番目の項目にある「生活提案型企業」です。ユーザーインを追求することで実現される同社が常に目指しているものと言えるでしょう。そして、このことから分かるのは、顧客を深く洞察するという姿勢です。

では、同社では具体的にどのように顧客を洞察し、そしてどのように事業に結びつけているのでしょうか。そのカギを握るのが小売店、特にホームセンターとの関係性にあります。

**ホームセンターとの関係性**

近年では、同社の商品はネットを通じて販売されることが増えており、実際同社の公式サイト「アイリスプラザ」を通じて数多くの商品が販売されています。

ですが、同社のこれまでの成長過程において重要な役割を担ってきたのがホームセンターでした。特に、オイルショックの影響を乗り越えた1980年以降、同社の理念に掲げられているように生活提案につながる商品が次々とホームセンターを通じてユーザーの手もとにわたっていきます。

当時の代表的な商品には、落としても割れないプラスチック製のガーデニング用品、かつては番犬扱いされていた犬を家族の一員として室内で飼うためのペット用品、押し入れやクローゼットにしまったものを見つけやすくするために中身の見えるクリア収納ケースなど、それまで市場には無かった新しい切り口の商品が投入され、次々とヒットを飛ばしていきます。これらはいずれも当時のユーザーが普段の生活の中で抱える不便さを解消するために開発されたものとなっており、まさにユーザーインの発想に基づく商品となっています。

このユーザーインの発想を実践する上で欠かせないのがホームセンターだったわけですが、実践するためにはホームセンターに同社の営業担当者が直接出入りできなくてはいけないという考え方を同社は持っています。

そこで、同社ではメーカーとしてだけではなく、自ら卸売業としての事業も進めていきます。同社はこれを「メーカーベンダー」と呼んでいるのですが、要はアイリスオーヤマ

図5-3　アイリスオーヤマの「メーカーベンダーシステム」

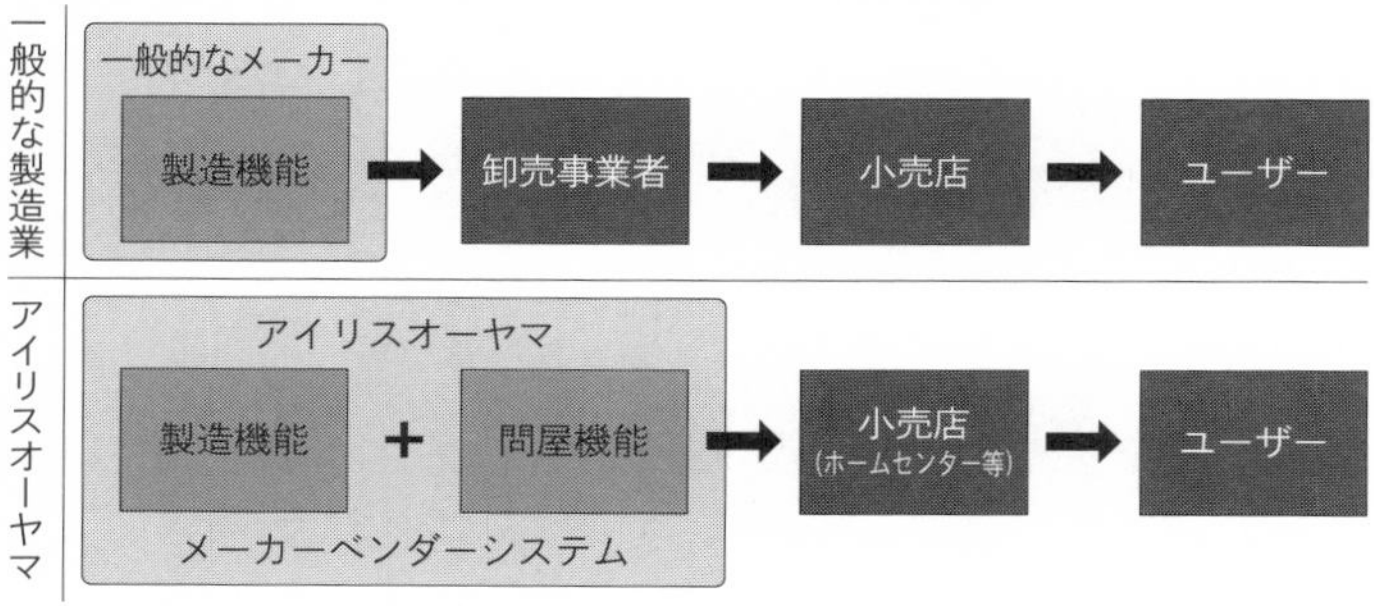


出所）アイリスオーヤマ公式ウェブサイト（https://www.irisohyama.co.jp/company/specialty/）をもとに作成。

が開発し生産した商品を、ユーザーが来店するホームセンターに直接納入し、売り場のサポートなどをするわけです。これにより、同社スタッフがユーザーの動向を直接確認することができるようにしているのです。

ユーザーの動向を直接確認する役割を担っているのは営業担当者だけではありません。同社でＳＡＳ（セールス・エイド・スタッフ）と呼ぶ同社商品の販売担当者を、２００２年以降に全国のホームセンターに派遣し始めました。私がこの件で同社からお聞きした２０１５年ごろは、８００名ほどのＳＡＳが全国に配置されており、接客を通じて得た情報が毎日アイリスオーヤマ本部へ届けられるようになっているとのことでした。販売現場の情報が毎日入手できるようになっていたことになります。

図 5-4　国内ホームセンターにおける年間売上高と店舗数推移

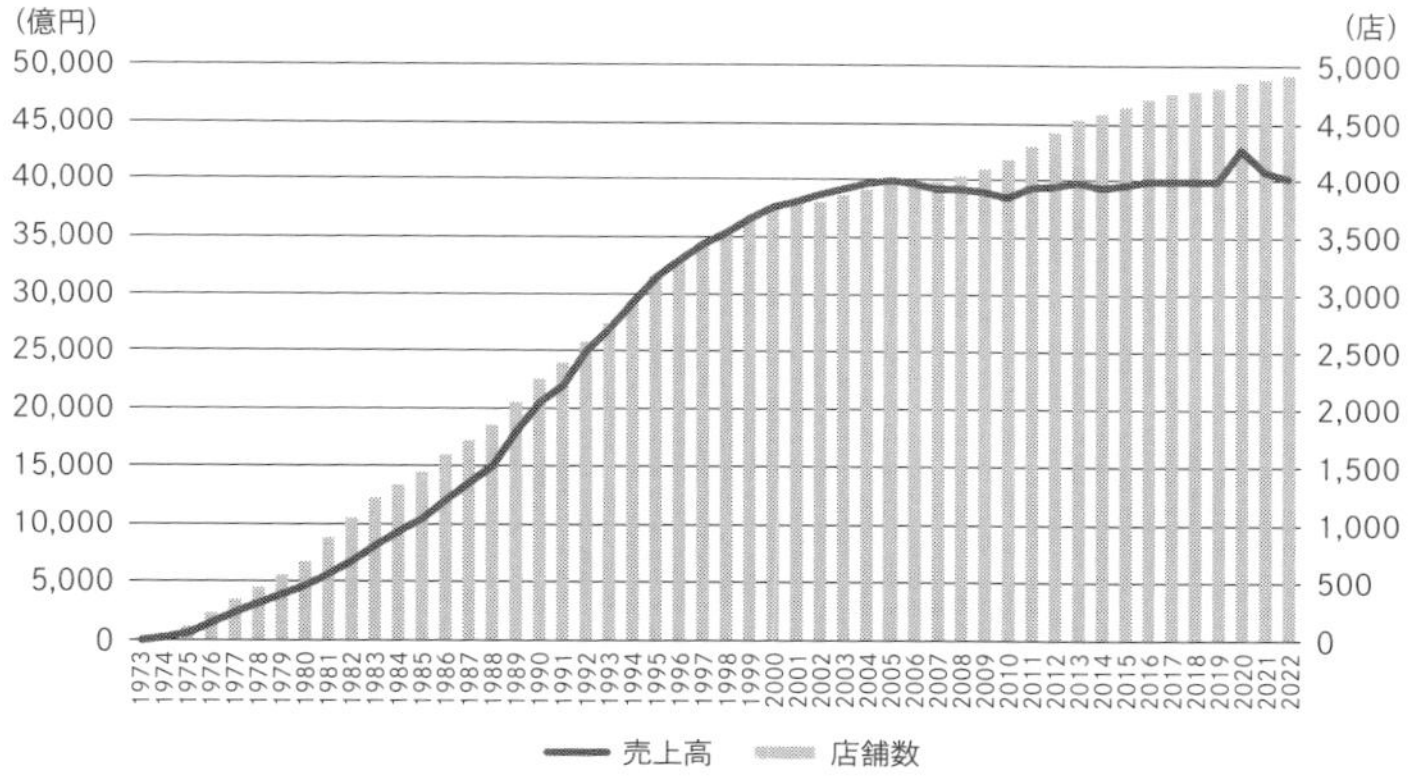


出所）日本 DIY・ホームセンター協会調べ（https://www.diy.or.jp/i-information/association/jigyo/transition.html）。

## BtoB 事業の強化

このように、同社の成長にとって欠かせない存在であるホームセンターですが、実はホームセンター業界は２０００年代に入るとそれまでの成長が鈍化してしまいます。図５-４からは、２０００年代後半以降において店舗は増えても売上高が伸び悩んでいる様子が見受けられます。このような状況の中でアイリスオーヤマが考えたのが、ホームセンターに買い物に来る一般のユーザーだけでなく、事業者に直接販売する活動でした。

同社ではこれをBtoB事業と呼び、ホームセンターでの販売（BtoC事業）とは明確に区分しています。ただ、BtoB事業というと、一般的には事業間取引と捉えられることが多いため、後ろの「Ｂ」のあとにはさらに次の顧客が存在することになるケースが多いのですが、アイリスオーヤマの言うBtoBの場合、後ろの「Ｂ」がエンドユーザーということになります。つまり、アイリスオーヤマの持つ完成品を販売する相手という意味で、同社ではBtoB事業が捉えられています。

このようなターゲットへは、たとえばＬＥＤ電球への切り替えからアプローチしていき、関係性が築かれた後には業務用家具や什器備品、建築内装資材、さらには清掃や配膳等を担うＡＩロボットなど、顧客にあわせた提案を同社の業際化された事業領域からの営業活動を通じて展開されていたり、また提案にあわせてさらに業際化が進められたりしています。つまり、このBtoB事業においても、同社商品やサービスのユーザーである当該事業者へ直接向き合うため、同社の言う「メーカーダイレクト」の下、BtoBでもユーザーインの方針が貫かれていることが分かります。

以上、ここまでアイリスオーヤマがどのように事業を進めているかを見てきましたが、これまでの内容に基づきながら、図３-１で示した「事業領域の業際化における戦略ポイント」を確認していくことにしましょう。まずは、「既存顧客の洞察に基づく事業探索」についてです。

## (2) 既存顧客の洞察に基づく事業探索

アイリスオーヤマにとって既存顧客は誰かと言えば、BtoC事業の場合、当然のことながらエンドユーザーである消費者となります。こうしたユーザーの動向をじっくり観察する上で、SASが重要な役割を担うことになっていますし、ユーザーを観察するという意味では、同社の営業担当者も同じように重要な役割を担っていると言えます。

ただ、BtoC事業の場合、同社の営業担当者が直接、ユーザーに営業攻勢をかけることはありません。BtoC事業における営業担当者にとっての営業先はホームセンターや家電量販店といった小売店です。ということは、こうしたホームセンターなどの小売店も同社の顧客としてみなされるべき存在ということになります。

一方、BtoB事業の場合は、先にも触れたように同社商品のエンドユーザーとなる事業者が顧客となります。営業担当者は、ユーザーに対し直接営業攻勢をかけることになるので、同社のBtoC事業とは分けた整理が必要になります。それぞれについて見ていきましょう。

## BtoC事業における既存顧客の洞察

実は、かつての私のゼミの学生でアイリスオーヤマに就職した者がいました。2000年代半ばに就職した彼は、5年ほど務めたあと別の会社に転職してしまったのですが、在籍当時に彼は都内での営業を担当していたこともあり、彼本人の経験談を聞かせてもらい、また在籍当時の彼と親しかったという同僚を紹介してもらって営業についてヒアリングしたことがあります。

彼らの話ではBtoC事業の場合、営業担当者の担当する顧客はホームセンター、もしくは家電量販店に分けられており、当然のことながら、営業先では自分たちが取り扱う品目の中から営業攻勢をかけていくことが担当者に求められますし、目標数値もあるとのことです。

しかしながら、営業担当者には販売数量だけが求められているのでは無く、担当する顧客の情報をどれだけ集められるかが重視されているとのことでした。

ヒアリングしたのは2014年だったので、今日の事業環境とは大きく異なっていることにはなりますが、BtoC事業において営業担当者に求められる内容そのものに大きな違いがないことは、その後のヒアリング調査で確認しています。

同社では、営業担当者は既存品を売ること以外に、営業先で得た情報を新商品開発の部門に提供する義務を負っています。具体的には、各営業担当者は日報(4)を通じ、「新商品開発につながる情報」や、「既存商品のリニューアルに向けた情報」、さらには「より多く売れるための販促ツールの提案」などを記入することになっています。エンドユーザーの動向だけではなく、ホームセンターや家電量販店といった既存顧客を洞察し、そこから事業探索が行われているような仕掛けが同社の営業体制に感じられるように思えます。

## BtoB事業における既存顧客の洞察

これに対し、アイリスオーヤマの商品を利用するユーザーに直接営業をかけることのできるBtoB事業ではどのように洞察しているでしょうか。

同社の言うメーカーダイレクトを推進していく上で、どのようなターゲットを設定しているか、同社幹部社員にヒアリングした内容によると、２０１０年代後半、大手メーカーが販売網を持たないような地方に同社の営業拠点を置き、当該地域に限定されたスーパーやパチンコ店などのエリアチェーン店をターゲットとしているとのことでした。

同社では当時、この推進方法を「多拠点展開の地域密着戦略」と呼んでいたのですが、この名称からもいかに深く顧客へ入り込むことが重要であるかという印象が伝わってきます。また実際、大手メーカーがいない地域の方が、営業先のトップが自ら直接アイリスオーヤマの営業担当者の話を聞いてくれることが多いとのことで、営業担当者にとっては意思決定のできる者と直接交渉できるということだけでなく、顧客先を深く把握することが求められることから好都合であるように感じられます。

２０２２年にあらためて同社幹部の方に話を伺った際には、「多拠点展開の地域密着戦略」という考え方からさらに顧客密着を前進させ、ワンストップでさまざまな提案ができる営業組織を目指しているとのことでした。実際、先にも触れたように、顧客先へさまざまな提案ができるように同社では事業探索が進められています。

ちなみに、これら両事業においてどのように利便性が顧客に提供されているかというと、BtoC事業においては、さまざまな商品が取りそろえられているホームセンターへの洞察を通じて、生活用品から家電へ、そして家電の中でも大型家電や季節家電など、ホームセンターがエンドユーザーに対する利便性提供の場として位置づけられており、メーカーダイレクトを進めるBtoB事業においてもＬＥＤ電球からＡＩロボットに至るまで、業際化された事業領域からのさまざまな提案活動を通じて利便性が提供されていることが分かります。

## (3) 既存資源の活用を通じた業際化

では次に、同社はこのような事業領域の業際化をどのように進めてきているのか、2つ目の戦略ポイント「既存資源の活用を通じた業際化」の視点で見ていくことにします。

### モノづくりに対するこだわり

これまで触れてきたように、同社からはさまざまな商品が発売されていますが、1年あたりどのくらい新商品が出されているかというと、同社のホームページではなんとおよそ1000点と公表されています[5]。ただし、そのすべてが自社商品というわけでは無く、他社で開発されたOEM商品も含められているため、純粋に自社商品と呼べるのは約6割とのことです[6]。とは言え、年間600もの新商品が出されるということになります。

こうした新商品は、毎週月曜日に行われる「新商品開発会議」と呼ばれる会議で決められているのですが、新商品の開発を担うすべての事業部に対して、毎週必ず新商品のプレゼンをすることが義務づけられています。Goサインを出すかどうかは、最終的に社長が決めることになるのですが、なかなかそう簡単には出されないようです。

この会議には、社長以下すべての役員、各事業部の担当者が出席し、1日がかりで行わ

図 5-5　新商品開発会議

出所）アイリスオーヤマ株式会社広報室より提供された画像。

れているのですが、実際に大山健太郎氏に話を伺った際にも「この会議は事業そのものだ」という表現を用いながら、とても重視されているという説明を受けたことがあります。当然、その場でプレゼンする担当者は十分に用意して臨むことになるのですが、かなりのプレッシャーがあることは想像に難くありません。

また、同社の新商品に使用される部品は、ネジ１本から内製するという方針を大事にしています。その理由は、他社に製造を委託するよりも内製した方が、環境変化への対応を早めることにつながるとの考えからなのですが(7)、そこにはもっと深い意味があるように思えます。

新商品の部品を内製するということは、開発者は社内にある多くの部品のことを把握しておかないと開発できないことになります。ある商品で使われた部品が、他の商品のどの部分に使えるかなど、「部品の意味」が理解されていることを通じて開発が進められていることになり、これは言い方を換えれば、同社の既存資源の活用を前提とした商品開発が行われていることを意味します。

実際、かつて同社がＬＥＤ事業に新規参入するに際し、同社の既存資源が活用されたことがありました。２０１０年当時、ＬＥＤ電球で先行していたメーカー各社は、電球の球体をつくる際にアルミダイキャスト法が用いられていたところ、同社では創業以来の技術、プラスチック成形技術を導入することで大幅なコストダウンを成功させています。まさに、既存資源を活用しながら業際化が実践されている典型的なケースと言えます。

ちなみに、このＬＥＤ電球の市場では、２０１８年にアイリスオーヤマがパナソニックを抜いてトップに立ち、それ以降その地位を維持しているとの報道[8]もあるなど、大きな成功を遂げた事業となっているのですが、成功の陰にあるのが大幅なコストダウンに基づく低価格化と言えそうです。かつて、ＬＥＤ電球はかなり高価で、一般的なメーカーからは1個あたり1万円ほどの価格で販売されていたことがありました。なかなか簡単には手が届く価格ではなかったのですが、一般のユーザーにとっていくらなら買えるか、つまりユーザーインの発想をもとに同社で検討されたところ、２０００円くらいだろうということとなり、この価格を実現させるためにプラスチック成形技術が用いられたということです。[9] 同社事業領域の業際化は、こうした既存資源の活用を通じて進められていることがよく分かります。

## (4) 新たな資源獲得のための異業種連携

しかしながら、もちろん社内に無い資源もあるはずです。そのために同社では異業種連携も積極的に進められています。たとえば、ＬＥＤ事業をもとに照明分野に事業を広げた同社は、無線で照明をコントロールするシステム「LiCONEX」を開発しBtoB事業で展開していますが、その技術をさらにスマートホームでも展開しようと考えています。ところが、住宅事業に関する技術や資源を十分に持たない同社は、２０２１年に米カリフォルニアに拠点を置くHOMMA Group社との業務提携を通じて新たな資源を獲得していくことを決定しています。[10]

同社のこうした異業種連携はBtoC事業にも数多く確認できるのですが、中には工業製品からは大きく離れ農業分野でも見られます。当初は、東日本大震災で被災した農家を支援する意味もあったようですが、従来のコメビジネスがユーザーインとはなっていないという点に気づき、その後この事業を強化させていきます。

具体的には、舞台ファームという農業生産法人との連携を通じ、2013年に精米事業企業として「株式会社舞台アグリイノベーション」が設立されます。アイリスオーヤマと農業法人といった組み合わせは、被災した地域の再生に向け、理想的なモデルとしてメディアでも報道される他、復興庁のウェブサイトを通じても紹介されるなど注目されたケースとなっています。[11]

ですが、単にコメという異業種分野に入ったというわけではなく、舞台アグリイノベーションでもユーザーインの発想の下、事業が展開されています。たとえば、一般的に農協を通して販売されることの多いコメは、2kgパックや5kgパック、中には10kgで販売されていますが、スーパーなどで買い物のついでにコメを買う消費者にとっては持ち帰る際に重たい思いをすることが強いられてきました。

この販売方法がユーザーインとは異なると判断した同社では、農協を通さないことにより、2合（約300g）や3合（約450g）といった小分けパックにより販売することができ、コンビニにも置いてもらえるようになっています。近年キャンプが流行していますが、キャンプ場近くのコンビニで、その日に必要な分だけ購入するという消費にも対応していることになります。

生産するコメ自体の改良も進められていて、消費者が常温で保存しても、1年間は劣化しないという低温製法による精米工場を新たに建設するなどして味の改良も進められています。

このように、「ユーザーイン」というアイリスオーヤマならではの方針が、異業種分野でも展開されていることが分かります。

## 第５章のまとめ

ここまでアイリスオーヤマを見てきましたが、最後に本書なりの目線で同社の成長のカギを整理したいと思います。

同社には、同社の商品を実際に利用する消費者や事業者等のエンドユーザーが抱える顕在的、あるいは潜在的な不便さを見つけ出す目を持っている点がまず挙げられます。具体的には、全国にいる営業担当者やＳＡＳがその役割を果たしています。そして、こうしたスタッフから集められる情報をもとに商品開発が進められるわけですが、企業目線ではなくあくまでもユーザー目線での商品化が進められる一貫性も挙げることができるでしょう。

さらには、こうした一貫性を全社的に確認できる場として毎週開催される「新商品開発会議」も、同社の成長にとって重要な役割が見出されます。この会議の場は、全国の営業担当者からの日報を通じて小売店や事業者等の顧客情報が集められ、それをもとに各事業部から提案された商品がユーザーインであるか否かを判定し、既存の資源で足りるのか、不足する資源は何か等について全社的に共有し、また認識する場ともなっているため、戦略論的には組織学習の意味を持った活動となっています。同社のダイナミック・ケイパビリティを強化する貴重な活動とも言えるでしょう。

こうした活動に裏付けられた成長を見出すことのできる同社からは、学術的にも多くの示唆が得られるので、私を含め経営戦略を研究する者にとっては高く関心の持てる事例と言えるのですが、あくまで本書がこだわっているのがこうした活動を通じて顧客にどのような価値が提供されているかという点にあります。本書ではその価値として利便性を挙げているのですが、同社の成長の過程にも顧客に対する利便性の提供を感じることができるというのが私の見立てとなります。

最初は東大阪の町工場から始まった同社が、大きな成長を遂げたことは紛れもない事実であり、その事実をつくり出す上で、同社ならではの取り組みが有機的につながっていたことも事実です。その中で、私が注目しているのは、同社の成長の過程で確認することのできる事業領域の業際化です。そして、同社の場合も同社商品を利用する顧客への利便性を提供することから業際化が進められているという点に私にとっての最大の関心がありま す。

このように、同社の成長の過程には、既存顧客への利便性の提供を通じて事業の業際化が進められており、これが成長につながっていることが分かります。そして、その陰には①「既存顧客の洞察に基づく事業探索」、②「既存資源の活用を通じた業際化」、③「新たな資源獲得のための異業種連携」といった戦略ポイントを確認することができるのです。

以上、これまでトヨタやアイリスオーヤマをもとに、事業領域の業際化を通じた成長を見てきました。トヨタはもちろん、アイリスオーヤマも今日では大きな企業へ成長してきたのですが、この事業領域の業際化戦略は決して大きな企業だけにしかできないというわけではありません。企業規模に関係無く実践できるというのが本書の考え方です。

そこで、次の章では中小企業を取り上げたいと思います。特に、地方で活動する社員数も20名にも満たないガソリンスタンドの事例です。

**注**

（１）「アイリス物語」は同社公式ウェブサイト（https://www.irisohyama.co.jp/story/）に掲載。

（２）決算発表の内容は同社公式ウェブサイト（https://www.irisohyama.co.jp/news/2024/?date=0111）を参照。

（3）アイリスグループ２０２３年度決算速報値に基づく。

（4）かつて、その日報は「デイリーレポート」と呼ばれていたが、今日では「ＩＣジャーナル」という名称に変更されています。

（5）同社公式ウェブサイト（https://www.irisohyama.co.jp/about/keyword02/）参照。

（6）馬・内田（２０２３）、13頁。

（7）内田（２０１６）、３頁。

（8）この内容は、民間の調査機関ＢＣＮ社の情報（https://www.bcnretail.com/research/detail/20220217_267038.html）に基づいています。

（9）この情報は、森ビル株式会社が主導するイノベーション促進プラットフォーム『ＨＩＰ（Hills Ignition Program）』で提供されたインターネット情報（https://hiptokyo.jp/hiptalk/irisfoods/2/）に基づいたものです。

（10）アイリスオーヤマ株式会社 NEWS RELEASE ２０２１年11月15日付。

（11）復興庁のウェブサイト（https://www.reconstruction.go.jp/311kyoukun/pdf/zireishu/saisei_10-A.pdf）では、「繋ぐ、未来へ」というテーマを通じて紹介された同社の内容が紹介されています（https://www.reconstruction.go.jp/311kyoukun/pdf/zireishu/saisei_10-A.pdf）。

# 6 松井エネルギーモータースの業際化戦略

「事業領域の業際化」の戦略について最後となる本章では、松井エネルギーモータース（以下MEM社）という名のガソリンスタンドを取り上げます。

同社は、都市部のように人口の多い地域ではなく地方で、しかも従業員数20名にも満たない小さな組織ながら堅実に成長してきている企業です。そして、その要因は事業領域の業際化にあると私は見ています。

いったいどのような経営をされているのか、詳しく見ていきましょう。

## (1) MEM社の事業概要

MEM社は、富山県中新川群上市町という人口約2万人の地域にあります。富山市中心

図 6-1 MEM 社の営業拠点

上市東サービスステーション

森尻サービスステーション

本社（2021 年 4 月竣工）

出所）画像は松井エネルギーモータースより提供。

部から車で東へ30分ほど走ったところにあるのですが、雄大な立山連峰を間近に感じることのできるような地域で2店舗のガソリンスタンドを運営しています。

１９７２年に創業された同社は、現在3代目の松井健彰氏が社長を務めています。１９６７年に生まれた同氏は大学卒業後、大手自動車販売店で整備士として勤務していましたが、28歳のときに家業に入り、42歳で社長を引き継ぎ今日に至っています。

現在の売上高は約6億円、従業員は19名です。創業当初はガソリンスタンドがメインだった同社は、車検や保険といった一般的なガソリンスタンドが扱うサービスに加え、自動車販売事業や福祉車両

図６-２　屋根付きの福祉車両車

出所）松井エネルギーモータースより提供された画像。

事業などへ事業を業際化させてきています。自動車販売事業では販売のための専門店を設け、また福祉車両事業では福祉車両の修理や販売だけでなく、高齢者や介護事業者が雨や雪に濡れないよう独自に装置を制作、さらには高齢者が扱える除雪機やシニアカーなどの修理や販売といった事業も進めています。

この松井氏には、私が富山県中小企業家同友会の依頼をもとに始めた「戦略的経営塾」という場の中で知り合いました。参考までに、この戦略的経営塾について少し説明すると、立ち上げてすでに10年以上になるのですが、２カ月に１度、塾生メンバーとして20社ほどの富山県内の中小企業経営者が集まり、それぞれ自社の戦略や計画を見直す場として、またときには経営者としての悩み事などについて語り合う場として運営されています。中小企業経営者の多くは、自らも最前線のプレイヤーとして活動しなくてはならないため、普段はなかなか自社の戦略についてじっくりと考える時間的余裕がないことが多いのですが、こうした場を通じて自社の戦略や将来構想を練る機会につなげています。

実際、松井氏もこの場で得た気づきを今日の経営に役立てているようです。特に、ガソリンスタンドの業界自体、特有の厳しい事業環境となっており、それが舵取りを難しくさせているため、こうした場を通じて戦略構想をしているとのことです。

**ガソリンスタンド業界の状況**

ここでガソリンスタンドの業界が、今日どのような状況なのか、少し整理してみましょう。内燃機関を持つ自動車はガソリンがないと動きませんが、ハイブリッドカーの普及やガソリン車の性能そのものが向上してきていることから、ガソリン乗用車の平均燃費も近年格段に向上してきています。具体的に言うと、２０００年には12・７㎞／Ｌだったものが２０２１年には23・１㎞／Ｌまで、およそ2倍近くにまで向上しています[1]。

また、日本ではどのくらいの自動車が使われているかを見るために自動車の保有台数を調べたところ、ガソリンを使用する二輪車も含めると、ここしばらくは概ね８０００万台前後で推移しています。[2]

これらが何を意味するかというと、市場全体のパイは限られている中で、自動車によるガソリンの消費量は減少してきているため、ガソリンスタンド事業者間での顧客の奪い合いが激しさを増す状況であるということになります。加えて、ガソリンを使わないＥＶも普及し始めてきており、この業界にとってはこれから先、さらに厳しい未来が待っているような状況であると言わざるを得ません。

そのような中、ガソリン販売店はこれまでどのような競争が行われてきたかというと、基本的に売るもののメインはガソリンなので、商品そのものでの差別化は難しく、したがって価格競争が日常的に展開されている業界となっています。ガソリンスタンドの目立つところに価格表示板を掲げ、１円でも安くなるよう経営努力が続けられているというのが一般的な姿と言えるでしょう。経費を節減するためにも、今日ではほとんどのガソリンスタンドでいわゆるセルフ式となっています。

こうした厳しい事業環境に加え、ＭＥＭ社が活動する富山県中新川群上市町ではさらに厳しい状況となっていることがわかります。

図６-３は、先にも触れた自動車保有台数の推移ですが、同社の場合、全国の状況とはまた異なった事業環境となっていることが分かります。全国の保有台数は８０００万台前

図 6-3　自動車保有台数推移（単位：台）

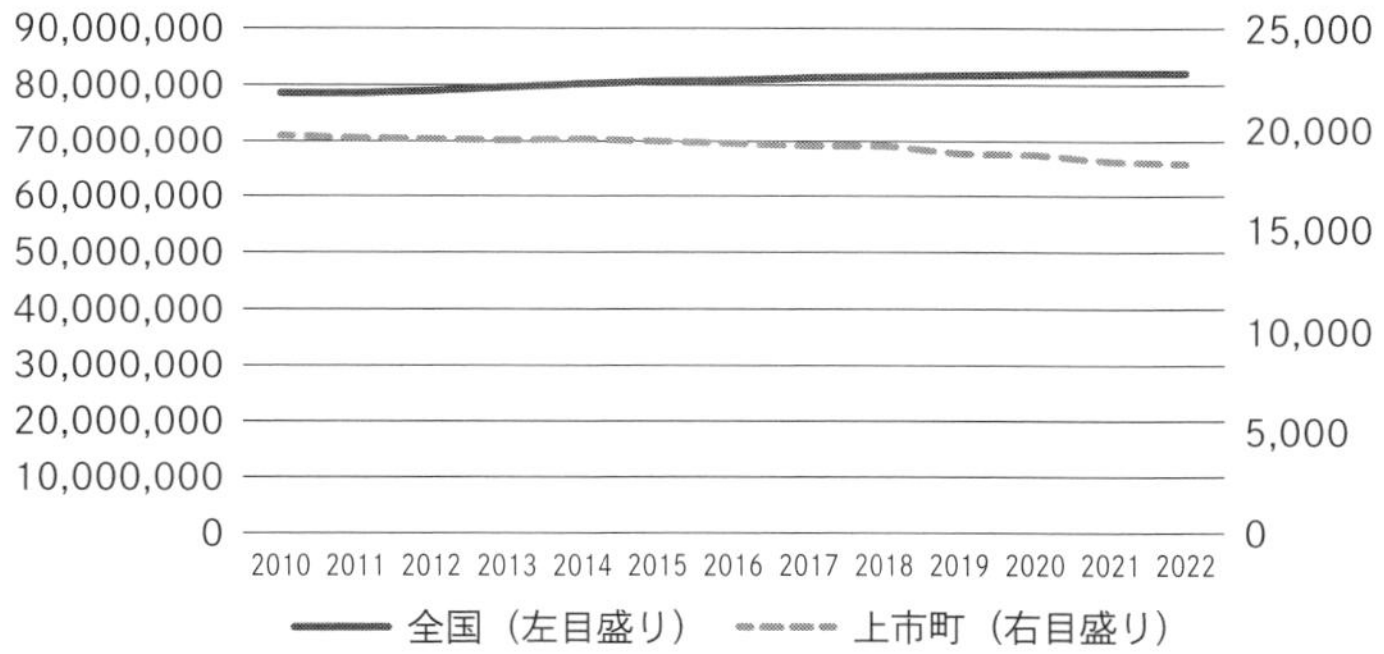


出所）全国の数値は一般財団法人自動車検査登録情報協会，また上市町の数値は国土交通省北陸信越局富山運輸支局のデータをもとに作成。

後で推移していることは先に述べましたが、近年はキャンピングカーなど特殊用途車両の需要も増えつつあることなどから、同図をよく見ると全国的には多少増加傾向にあることが分かります。ところが、上市町では徐々に減少している様子が見て取れます。この図の２０１０年を基点として２０２２年時点の増減率を見てみると、全国数値では４・４％の増加に対し、上市町では逆にマイナス７・５％という状況です。一般的には、都市部よりも車を必要とする方が多いのが地方なのですが、上市町は高齢者が多い地域ということもあり、免許証を自主的に返納するなどして車を手放す方が増えてきていることが背景にあります。

また、ＭＥＭ社の事業エリアにおける競争相手はどうかというと、上市町には富山県内を日本海沿岸に沿って横断する幹線道路、国道８号線が走っていることもあり、国道沿いには全国規模のチェーン店を始め多くのスタンドがあることから、県内屈指の激戦地とも言われています。中には、敷地面積を広く構え、清潔感のある設備を導入した上で、ガソリン価格も下げるなど強気の経営をしているスタンドも見られます。そのため、事業者間での淘汰も進む地域となっている状況です。

そのような中で松井氏は２００９年に社長就任してから２０２３年までの間に、売上をおよそ80％増加させてきています。いったいどのような経営をしているのか、さらに詳しく見ていくことにします。

## ＭＥＭ社の経営スタイル

42歳で社長に就任した松井氏ですが、就任1カ月前に突然先代社長より要請を受けたとのことで、就任後しばらくは経営者としてどのように会社を経営していけば良いのかが分からずに、思い悩む日々が続いたとのことでした(3)。今も触れたように、業界的にも、また地域的にも同社にとっては厳しい事業環境にある中、就任に向け計画的に経営能力を磨いていくような機会を得られなかった同氏は、いろいろな迷いの中、中小企業家同友会を通じて経営ノウハウを身につけていきます。

その同友会において、会社としての理念の大切さを学んだ同氏は、従業員とともに同社

**図 6-4　MEM 社の経営理念**

| |
|---|
| 一、私たちは、「くるま」「燃料」とかかわりながら、最高の笑顔を創造する「なくてはならない企業」を目指します。 |
| 一、私たちは、ともに働く仲間を応援し、子供達が憧れる職場、社会を築きます。 |
| 一、私たちは、出会いに感謝、ふれあいを大切にし、すべての人を思いやれる人となります。 |

出所）松井エネルギーモータース公式ウェブサイト（https://www.mem.co.jp/company/）より。

の経営理念を策定しています。図6-4がそれですが、最初の項目に掲げられている「最高の笑顔を創造する」というところに同社ならではのこだわりが感じられます。そして、同社では実際にこのこだわりを中軸に据え、事業活動が進められていきます。

具体的には、「最高の笑顔を創造する」ために同社ではセルフ式ではなく、窓拭きも行う昔ながらのフルサービス式の運営を進めています。顧客とのコミュニケーションを通じて関わりを増やせるという考えからです。

松井氏によれば、自分たちは窓を拭くときも顧客から見られている存在であるため、明るくテキパキと拭く姿を通じて顧客が元気になるようにとの意識が社員間で共有されているとのことです。

**既存顧客との関わりを重視**

驚くべきことに、同社の従業員は（アルバイト従業員も含め）同社を定期的に利用する顧客の名前を記憶しているということです。同社には、普段日常的に利用している顧客は、法人と個人を合わせ１０００ほどあるのですが、来店した顧客の車の窓を拭く際には、ドアを開け名前を呼んで挨拶をするところからサービスが開始されています。

私も普段利用するガソリンスタンドはだいたい決まっているものですが、会員証などを出さない限り名前で呼ばれたことはありませんし、そもそもセルフ式を利用することが多いので、店員と会話することはほとんどありません。

その点、このＭＥＭ社の場合、窓拭きなどを通じて必ず顧客との会話が生まれるわけです。それも、「〇〇さん、いつもありがとうございます！」というように、名前を呼んでサービスが開始されます。正規従業員だけでなく、アルバイト従業員も同様に、顧客の名前を覚えて接客しているのです。なぜ、こうした接客ができるのでしょう。そこには、顧客シェアを高めるという、同社の戦略的取り組みが背景にあります。

### 顧客シェアを高める取り組み

顧客シェアとは、１人の顧客が特定の製品分野に対して支払った総額に対する当該企業に支払った金額の割合を意味します。ガソリンスタンドを利用する際、あちこちのスタン

**図 6-5　顧客管理ボード**

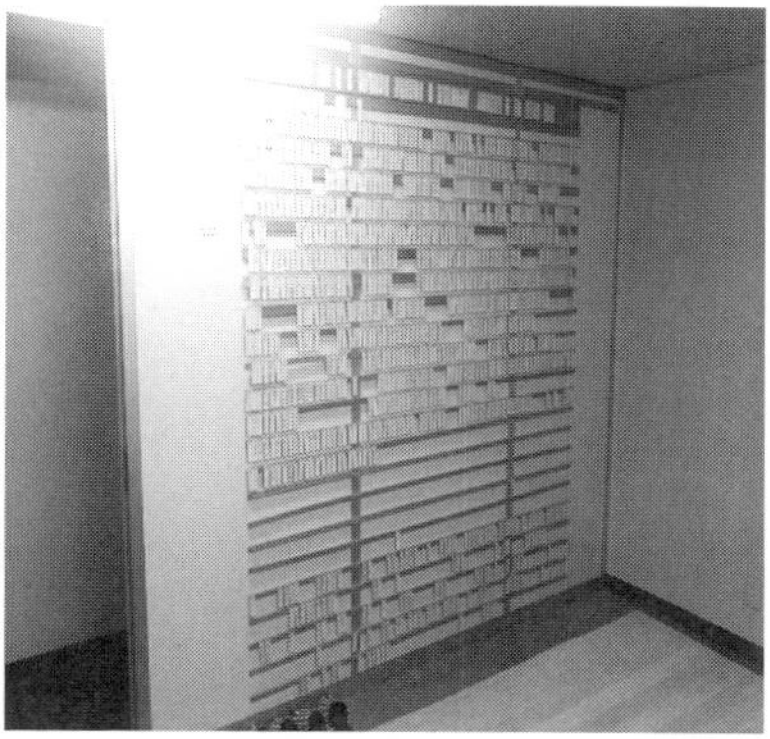

出所）松井健彰氏の承諾の下，筆者撮影。

ドが利用されるのではなく、1店舗に決めてもらうことで顧客シェアは高められますし、またガソリン以外にも利用してもらえれば、その利用者における顧客シェアはさらに高められることになります。

　MEM社では先に触れたとおり、ガソリン以外にも車検や自動車保険等の業務を行っているため、給油で来店した顧客の状況に応じ、ガソリン以外の利用を増やす取り組みを強化してきました。

　図6-5は、社員の休憩室に設置された松井氏手作りによる「顧客管理ボード」です。一つひとつの小さな札には、同社にとって大事な顧客の名前が刻まれており、顧客シェアの高い順に上から並べられるようになっています。そして、顧客シェアの低い顧客に対して、接客の際

にＭＥＭ社をもっと利用してもらうようアプローチしていければということで作成されました。

松井氏は、暇を見つけては金槌を叩きながらこのボードを制作していったのですが、設置したのが休憩室であるため、顧客の利用状況が従業員間で可視化されることになります。また、社長が一生懸命につくっているその姿勢を通じ、従業員にとっても、顧客の名前を覚えて接客することの重要性を感じるようになっていきます。

## ＭＥＭ社の差別化要因

このように、顧客の名前を呼んで挨拶をし、元気よくテキパキと窓拭きをしながらコミュニケーションを心がけるといったＭＥＭ社の取り組みは、戦略論的には顧客へ精神的な満足が提供されているということになります。この精神的な満足によって創り出される価値のことを情緒的価値と言い、ガソリンの品質や性能に起因する機能的価値とは明確に分けられるものになります。一般的な店舗で扱うガソリンであれば、機能的価値には大きな差が無いことになり、そのような場合には価格で差をつけざるを得なくなることが多く見られます。

その結果、他のスタンドが価格競争という土俵で競争する中、同社は顧客の「最高の笑顔を創造する」ための取り組みが実践されているため、他社とは明確な差別化が追求されていることが分かります。

実際、松井氏とのヒアリングの際にも、「自社は価格では勝負しない」という考え方が明確に示されていました。先の図6‐1の画像からもその姿勢が感じられます。同図には同社の店舗の画像がありますが、2店舗とも価格を表示するサインは掲げられていません。このことが意味するのは、既存顧客を大切にしながら事業活動を進めるということになります。逆に、新規の顧客にとっては価格がいくらか分からないと入りにくいものです。

肝心のガソリン価格はどうかと言うと、同社はフルサービス式ということもあり、松井氏によれば周囲のスタンドよりも高めの価格設定であるということです。こうした厳しい事業環境の中であっても、単に価格を下げることなく企業としての成長ができているということを示す事例だと私は考えています。

ここまでMEM社がどのように成長してきたかという点から述べてきました。そこで、この内容に基づきながら、同社の「事業領域の業際化における戦略ポイント」について見ていくことにしましょう。

## (2) MEM社による事業領域の業際化戦略

同社の成長のカギは何かと言えば、既存顧客との関係性の中に見つけられそうなのですが、とは言え、単に既存顧客に対して情緒的価値が提供されているだけかというと、そうではありません。同社の取り組みからは、既存顧客を徹底的に洞察することを意識した事業運営が行われていることがわかります。そのひとつが先に示した顧客管理ボードを通じた既存顧客の把握です。来店客とのコミュニケーションを通じて把握したニーズから、ガソリン以外のサービスもあることを説明し、そちらも促していきながら顧客シェアが高められています。この内容からは、既存顧客を洞察するという姿勢が感じられます。

また、既存顧客の洞察を通じ、同社の持つ既存のサービスを提供するだけというわけでもありません。「事業領域の業際化における戦略ポイント」の①（「既存顧客の洞察に基づく事業探索」）を確認することができるのです。

同社は、２０１４年に社内に福祉車両事業部を新設し、福祉施設向けのサービスを新規事業として開始させています。これは、同社ガソリンスタンドを法人顧客として利用している福祉施設から福祉車両の修理の相談がきっかけでした。

自動車整備用の設備も備えている同社にとって、当初はそれほど難しい相談ではないと想定していたようなのですが、福祉車両の場合、たとえば乗降リフトなど一般車両とは異なる部分での修理が必要となることもあり、ときには修理期間が長引いてしまうことにもなってしまいます。その間、福祉施設側にとっては当該車両が使えなくなるため、大きな不便さを抱えてしまうことになります。そこで、こうした不便さを解消するため、新たに事業部を設けた上でMEM社が福祉車両を導入し、修理期間中の代車サービスも実施するなどの業際化が進められていきます。

ただ、福祉車両を導入したとは言え、こうした車両は高価であるだけでなく、せっかく導入してもそれほど頻繁に出動するかどうかも分かりません。ですが、既存顧客の抱える困りごとの解消を優先させ、代車の取り扱いを決めたわけです。そして、この判断が高齢者の多いこの地域にとってとても大きな意味をもたらすことになっていきます。同社事業エリア内にある複数の福祉施設との関係性を強めていくことにつながるからです。同じ悩みは、他の施設でも同様に抱えていたのです。

MEM社が福祉車両を扱うことにより、福祉施設側は普段の給油だけでなく、当該施設の福祉車両が故障した際にはMEM社のスタッフが現地に駆けつけ、無償で代車が提供されます。さらに、こうした特殊車両の日常の整備や車検などもMEM社一社で完結するため、こうした施設の顧客にとってはMEM社から大きな利便性の享受につながることになります。

その後、福祉車両事業部ではこの地域の高齢者の困りごとを解消するべく、高齢者向けの乗り物として電動のシニアカーの取り扱いや、冬場には高齢者にも扱うことのできる除雪機の取り扱い、さらにはその修理業務も進めていきます。

これらは、同社にとってはほとんど経験の無い分野だっただけでなく、事業的にもあまり目立った成果につながるようなものでは無いようなのですが、こうしたことを通じ、同社の理念に掲げられている「なくてはならない企業を目指す」、そして「すべての人を思いやれる人となる」ということが目指されていきます。

もっとも、同社にとって経験の無かった領域ではあっても、同社にとって都合が良かったのは、取り扱い製品が故障した場合など、基本的には自社の整備工場を利用することができることです。ですが、この点も大きな意味を持ってきます。既存資源（自社の整備工場）を活用しながら業際化が進められているからです。これは、「事業領域の業際化における戦略ポイント」の②（「既存資源の活用を通じた業際化」）に該当することを意味します。

**MEM社にみる異業種連携**

こうした福祉車両事業部で進められる業際化の一方で、先に触れた自動車販売事業でも着実に事業を成長させてきています。

同社は2015年、2店舗のガソリンスタンドとは別の場所に本格的な自動車販売店を出店させ、翌2016年にも2店舗目を出店させています。自動車販売事業を始めたのは、ガソリンスタンドの顧客が持つ、車の乗り換えに対するニーズへ対応するためでした。現在は、販売事業は2021年に竣工した新社屋に統合されていますが、整備工場も併設するなどして自動車に関する顧客のさまざまなニーズに迅速に答えられるようにしています（図6-1参照）。

このように、MEM社で車を購入することで、日常の給油だけでなく、自動車保険や整備、さらには車検のときも任すことができるため、顧客にとっては多くの利便性が得られることになります。

とは言え、本章の冒頭でも触れたとおり、近年ではガソリンを必要としないEVの人気も高まりを見せているのも事実です。MEM社で新車を購入する顧客の中にも、EVに関心を持つ層が着実に増えてきていることも松井氏から聞いています。当然、EV利用者が増えてしまうと、ガソリンスタンドの経営にも影響してしまうことにはなるのですが、同社ではむしろ積極的にＥＶ導入を奨める取り組みを２０２３年から開始させています。

実は、ＥＶは単にガソリン代がかからなくなるだけでなく、Ｖ２Ｈによってさまざまな恩恵をもたらすことも一般に知られるようになってきました。Ｖ２Ｈというのは Vehicle to Home のことで、ＥＶのバッテリーに蓄えられた電気を家庭へ給電することが可能となることを表現したものです。すべてのＥＶがＶ２Ｈに対応しているわけではありませんが、対応している車種であればいろいろなメリットが謳われています。

たとえば、２０２２年に発売された日産の軽自動車「サクラ」はＶ２Ｈに対応していますが、このサクラの蓄電容量は20キロワットアワーと発表されています。一般に、４人家族の場合、１日あたりの電力消費量は約10キロワットアワーとされているので、サクラがフル充電されていれば、あくまでも数字の上ではありますがおよそ2日分の電力が賄えることになります。

また、太陽光発電や家庭用蓄電池の設備も整えることができれば、日中は太陽光で発電した電力を使いながら家庭用蓄電池やサクラを充電し、夜間は家庭用蓄電池やサクラで電力を賄うといった電力の有効活用も可能となります。近年では、こうした設備の導入や設置工事の費用には、国からの助成金だけでなく、地方自治体によっても助成されていることもあり、導入しやすくなってきているのも事実です。

とは言え、たとえこうしたメリットは理解できたとしても、これだけの設備を導入するのにいったい総額でいくらかかるのか、V2H機器をどこに設置すれば良いのか、設置後どのように使えば良いのか、そもそもこれらのことを誰に相談すれば良いのかなどなど、EVの導入が頭をよぎったとしてもV2Hまでにはなかなか踏み切れないというのが普通だろうと思います。

こうした顧客の声を聞いた松井氏は、この要望に応えるべくV2Hへの対応を可能にする取り組みを進めているのです。当然、MEM社だけでは対応できないので、V2H機器ではパナソニックリビング社、家庭用蓄電池システムでは専門商社などといった異業種企業との業務提携を積極的に締結させています。

ガソリンスタンドを本業としている同社ですが、「事業領域の業際化における戦略ポイント」の③「新たな資源獲得のための異業種連携」を着実に進めていることが分かります。

このような業際化を通じ、同社の業績も着実に変化してきています。図6-6は、松井氏が社長に就任した2010年からの2023年までの売上において、ガソリンスタンドとそれ以外から得られた収入のそれぞれの構成比を時系列的に整理したものです。

これを見ると、社長に就任したばかりのころはガソリンスタンドの収入が全体の8割近

図 6-6　MEM 社における売上構成の変遷

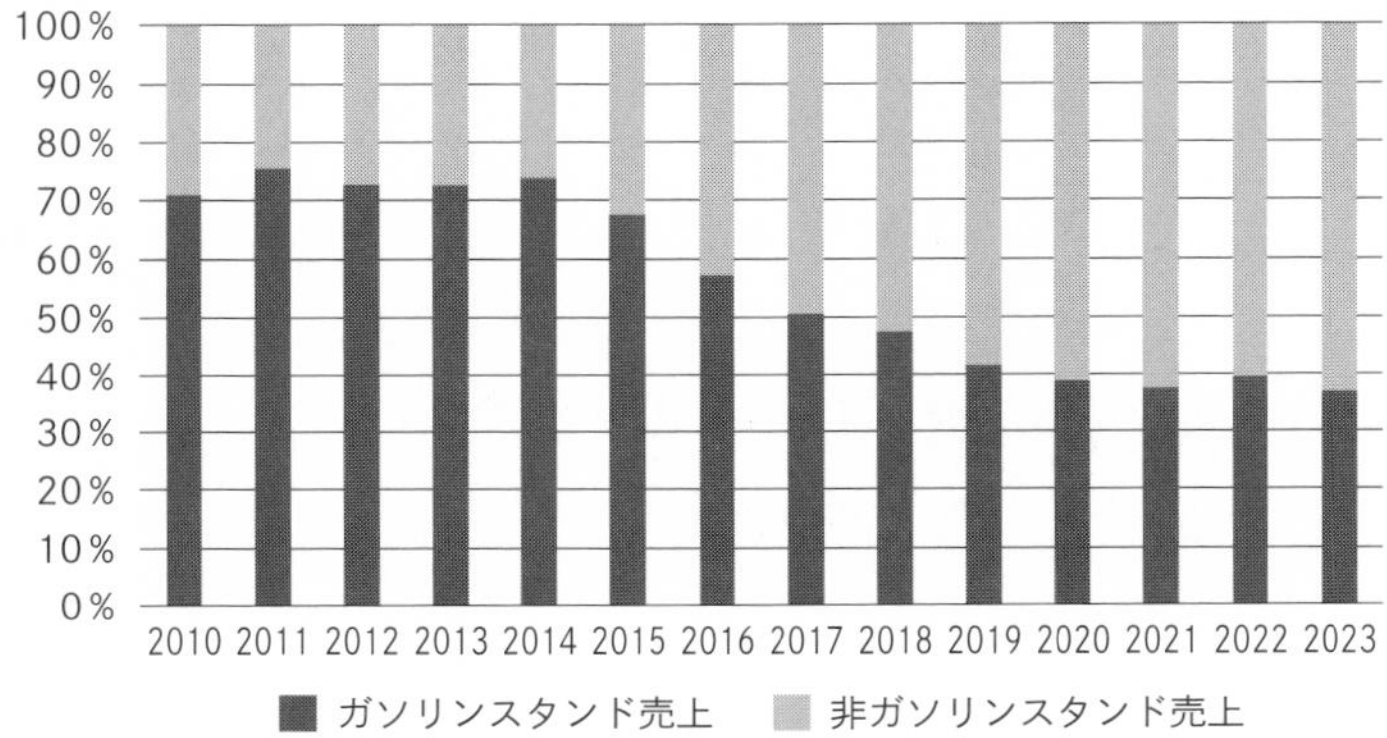


出所）MEM 社からのデータ提供を受け，筆者作成。

くを占めていたのですが、徐々に業際化が進められていき、最近では4割以下となってきています。この図からは、ダイナミック・ケイパビリティ理論で重視されている「変化対応的な自己変革能力」の向上が感じられます。

## 第6章のまとめ

本章では、地方にありながら、また業界的に厳しい事業環境にありながら、着実に成長しているＭＥＭ社を見てきました。

厳しい事業環境において、歯を食いしばって耐え抜くということも決して否定されることではありません。ですが、同社の事例が示していることは、**どんなに事業環境が悪くても成長できる**ということであると私は考えています。そして、そのカギを握るのが業際化にあるということです。

業際化と言っても、これまで見てきたようにただ単に新しい事業分野に入っていけば良いというわけではありません。これまでの事例と共通するように、「既存顧客の洞察に基づく事業探索」が進められていること、そして「既存資源を活用しながら業際化が進められること」が重要であるということがわかります。こうした活動を通じた業際化が、既存顧客の求める方向で利便性が提供されるため、既存顧客を離れにくくさせることにも通じ、また既存資源を活用することから、事業としての不確実性を低下させることにもなっています。そしてさらに業際化を進める上で、異業種との連携も積極的に進められながら新しい資源が導入されていることも、このＭＥＭ社の事例から確認することができました。同様のことはトヨタでも、またアイリスオーヤマでも見られました。ここで言えることは、事業領域の業際化戦略は企業規模に関係無く、進められるということです。

さて、ここまで「事業領域の業際化」について見てきました。次章からは第３部として「技術用途の業際化」の戦略に入っていくことにしましょう。

**注**

（1）一般社団法人日本自動車工業会調べ。
（2）一般財団法人自動車検査登録情報協会調べ。
（3）松井健彰（２０２３）「事業定義の見直しから地域作りへ」中小企業家同友会全国協議会『今、この瞬間が未来をつくる～地域が変われば日本が変わる～』第53回中小企業問題全国集会イン長野、中同協、No. 110、28―35頁。

# 第3部

# 技術用途の業際化

# 7 技術用途の業際化に向けた標準化

「技術用途の業際化」戦略については、すでに本書第3章において簡単に触れました。要は、開発した技術を「みんなで使おう」という考え方の下、技術用途を業際化させることで普及を目指す戦略となるのですが、そこには「特定企業主導型」（特定企業の開発により生まれた技術を業際化させるタイプ）と「異業種連携型」（異業種連携を通じて開発される技術を業際化させるタイプ）という2つに分けて整理できることをお話ししました。

また、「技術用途の業際化」を進める上で重要となる戦略ポイントとして、①業種や業界の枠を超え、多くのユーザーと（当該技術を）共有する意識、②自社の儲け口の設定、の2点であることを述べました。第3部においては、この中身を詳しく見ていくことになります。

ですが、この話の前提となるのは技術の標準化です。そこで、まずこの第7章では、そもそもなぜ技術を標準化させる必要があるのか、また技術用途を業際化させることにどのような意味があるのか、ということについて述べていくことにします。

## (1) 技術標準の持つ戦略的な意味

まず、技術を標準化することの意味についてですが、もっとも大きいのは技術を利用する側の混乱を避けるという点が挙げられます。たとえば、かつてDVDが誕生した際、さまざまな規格が乱立したことがありました。再生専用の規格としてのDVD-Video、DVD-ROM、一度だけ書き込み可能な規格としてDVD-R、DVD+R、複数回の書き込みが可能な規格としてDVD-RW、DVD+RW、DVD-RAMなどなどです。やがてこれらの規格の違いを超えて扱える機器[1]が出されましたが、それまでは互換性が無かったため、ユーザー側は混乱するといったこともありました。こういったユーザー側の混乱を解消するため技術の標準化は必要となってきます。

このことに加え、企業が開発した技術が国境を越えるようなビジネス（つまり国際ビジネス）でも利用されるような場合には国際的なルールを遵守することも求められるようになっています。

国際ビジネスのルールを規定する機関のひとつにＷＴＯ（World Trade Organization：世界貿易機関）があり、外務省の発表によると、現在このＷＴＯに加盟している国や地域は１６４で、さらに23の国や地域が加盟に向けての手続きを進めているようです。[2]これだけの国や地域が加盟していることを考えると、国際ルールの存在は大きな意味を持つということになるでしょう。

このＷＴＯが発足したのが１９９５年ですが、その際にＴＢＴ協定（Agreement on Technical Barriers to Trade：貿易の技術的障害に関する協定）と呼ばれる国際ルールが定められました。このＴＢＴ協定では、ＷＴＯに加盟する国や地域においてビジネスを行う際には、独自技術をすぐに持ち出すのでは無く、原則としてＩＳＯ（International Organization for Standardization：国際標準化機構）やＩＥＣ（International Electrotechnical Commission：国際電気標準会議）等といった国際的な標準化機関の発行する標準規格を基礎とすることが求められるようになりました。

これにより、仮に新しい技術を国際ビジネスで用いる場合、原則としてその技術は国際標準化されていなくてはならないということになるわけです。

## 技術標準の種類

ところで、ただ技術を標準化するとは言っても、技術標準にはいくつか種類があるので、少しここで整理しておきましょう。

まず、上で触れたような標準化機関によって策定された標準ですが、これはデジュールスタンダード（以下、デジュール標準）と呼ばれています。デジュール標準は、標準化機関において規定された手続きを経て策定されるのですが、標準化までのプロセスにおいてはいくつかのステップがあり、そのステップごとに協議、または投票が行われるようになっています。

そのステップは、一般の人にとってはかなり複雑に感じられるものなのですが、ごく簡単に言うと、まずは新規の規格案が標準化機関に提案された場合に、それを認めるかどうかが専門に審議する委員による投票によって決められ、認められるものならばその技術に詳しい専門家によって委員会が設けられ、その委員会によって規格の原案が作成されることになります。その後その原案が加盟国全体に提示されるのと同時に意見照会が一定期間行われ、最終的に国際標準として承認されるかどうかが、各国を代表する委員の投票によって決められることになります(3)。

このように、標準化が策定されるまでにはそれ相応の時間がかかるということだけでなく、仮に時間をかけて標準化されたとしても実際に普及するかどうかは分からないということも十分にあり得ることになります。事実、せっかく国際標準化された技術でも、市場ではほとんど普及しなかったというケースもあります。

一方、こうしたデジュール標準に対し、実際に市場に出され、他社との競争の結果として普及に成功した技術が事実上の標準となるケースもあります。これはデファクトスタンダード（以下、デファクト標準）と呼ばれるもので、標準化を決定するのはデジュール標準のように協議の場では無く、市場での競争ということになります。市場での競争を通じ、最終的に普及したものがデファクト標準なので、言い方を換えればデファクト標準は普及競争に勝利したという結果を意味することになります。

ただし、先にも触れたように国際ルールもあることから、仮に市場で普及に成功した技術であってもデジュール標準では無い場合には、運用を止めるよう監督官庁から求められることもあり得るというリスクもあります。

現に、２０２２年にはスマホの充電規格においてこうしたケースがありました。第３章でも触れた「Lightning」はアップルの独自規格としてiPhone ユーザーには普及していましたが、欧州議会と欧州理事会は、スマホのインターフェース規格はすでにデジュール標準となっている「ＵＳＢタイプＣ」に統一するようアップル側に求めたのでした。これを

**表7-1　より確実性を高めたデジュール標準活用策**

| | |
|---|---|
| ① | すでにデジュール標準化されている技術への準拠 |
| ② | デファクト標準化に成功した技術をデジュール標準化 |
| ③ | コンソーシアムを活用しながらデジュール標準化 |

出所）筆者作成。

受け、アップルも２０２３年から投入されるiPhoneからＵＳＢタイプＣへ切り替えざるを得なくなっています。

以上のようなことを考えると、国際ビジネスでデジュール標準を活用する際、より確実性を高めるための方策としては、次の３つが浮かび上がることになります。

ひとつは、新たに国際標準化させるような技術は自社では開発せず、すでにデジュール標準化されている技術を利用するというものです。任天堂のゲーム機「Switch」はこのパターンです。Switchは世界的に普及しているゲーム機ですが、そこで使われている技術、たとえばWi-FiやBluetooth、ＵＳＢタイプＣなど、国際標準化された技術を採用しながら製品化されています。

または２つめとして、デファクト標準化してからデジュール標準化するというものもあります。実際に普及した技術をデジュール標準化させるので、その意味では確実な方法とはなりますが、ライバル規格がある場合には普及に向けた競争に勝たねばならないというリスクは残ります。

たとえば、かつて「次世代ＤＶＤ」と呼ばれ、注目を集めた規格間競争がありました。先に触れたＤＶＤの後継技術として２００２年以降に競争が本格化したのですが、ソニーが中心となって推進した「Blu-ray」に対して、初期型のＤＶＤでも主導的な立場にいた東芝が中心となって推進した「HD-DVD」という規格が対立していました。両陣営は激しい普及競争を展開していたのですが、結局ハリウッドの映画配給会社が「Blu-ray」を選択したことにより、２００８年に東芝は全面的に撤退を表明しています。技術的には、初期型のＤＶＤと互換性のある「HD-DVD」の方が優勢であるとの見方もある中、当該技術のユーザーである映画配給会社の選択によって勝負が決まってしまったのでした。

こうしたリスクを避けるためには、あらかじめユーザーを確保しておく必要があります。そこで、３つめの策として、普及させるための枠組みを活用しながらその技術をデジュール標準化させるという方法が挙げられます。ここで言う普及させるための枠組みというのが、第3章でも触れた技術標準を策定するためのコンソーシアムです。そこで述べたように、国際化と業際化が一気に進んでいるＩｏＴの分野においては、標準必須特許も無償化することで多くのユーザーに加入してもらうことを目指すコンソーシアムが増えてきています。

特に、ＩｏＴの分野に見るように、技術を新たに開発していくような事業分野においては、これら３つの中では③の方法が着実に進められるものとして選択されることが多くなったと考えられます。言い方を換えると、「国際的な異業種連携で進められる標準化」においては③の方法が選択されることが多くなってきているということです。実は、このことが「技術用途の業際化」の戦略と深い関係が見られるようになってきているのです。次でさらに詳しく見ていくことにします。

## (2) 国際的な異業種連携で進められる標準化と他の標準化との違い

「国際的な異業種連携で進められる標準化」は、特殊な事業環境の中で進められるため、他の一般的な標準化のプロセスとは大きく異なるというのが本書の見方です。このことについて、本書第1章で用いた図1-1をあらためて掲載しますので、これを使って整理してみることにします。

第1章では、経営の国際化と業際化の違いを説明する上でこの図を用いましたが、この図の4つの象限はそれぞれ事業環境の違いを整理することにも使うことができます。

たとえば、図の左側（A型やC型）の場合は、エリアが特定された環境下での事業となる一方で、右側（B型やD型）は事業の国際化が前提となってくるので、本書のこれまで

図1-1　経営の国際化と業際化の違い（再掲）

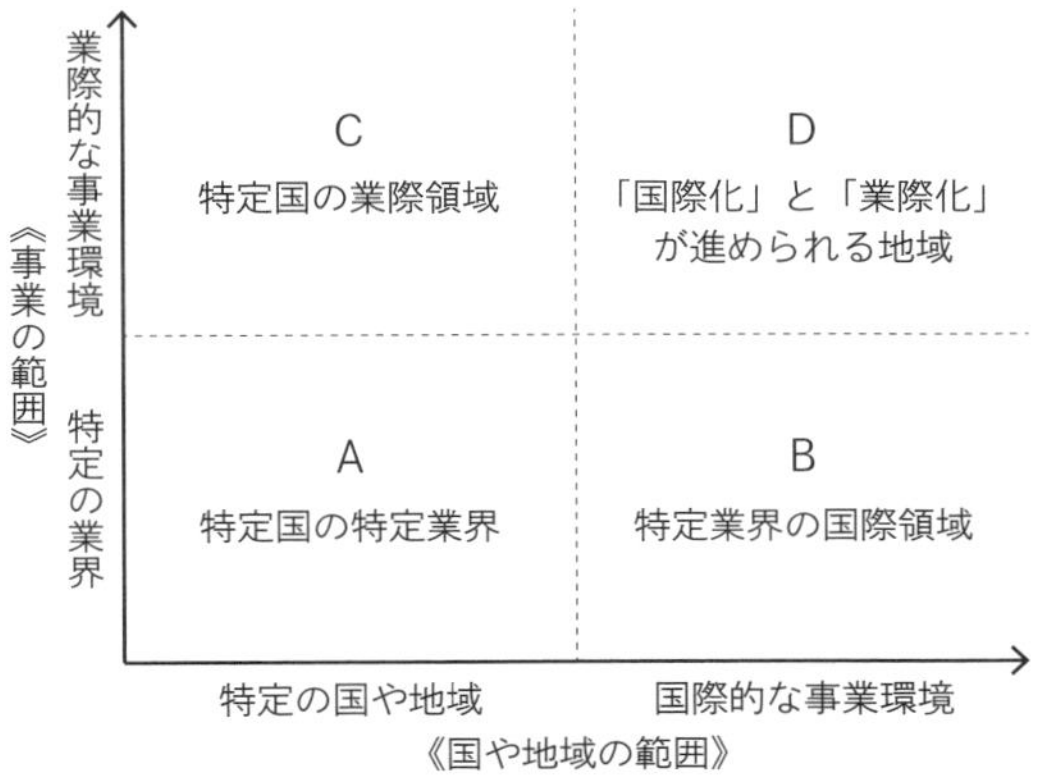


出所）筆者作成。

の内容で述べてきたように、国際ルールを意識する必要性が生じることになります。したがって、B型やD型では技術の国際標準に対応する必要が出てきます。先の表7−1で言えば、①から③のどれをもとに進めていくかといった検討です。

一方、図の下側（A型やB型）と上側（C型やD型）との間でも事業環境は異なります。A型やB型では業界が特定されるため、技術を開発する企業にとってはその技術のユーザーや使われ方をある程度特定することが可能ですが、C型やD型のような業際的な事業環境においてはどのようなユーザーがどのように利用するかということはあらかじめ想定しにくくなります。逆に、ユーザー側からすると、ひとつの技術の用途が多く用意され、いろいろな業界でも使えるのであれば、その分だけ利便性が高くなるということになります。こうしたＣ型やＤ型のような事業環境において、「技術用途の業際化」がカギを握るということとなり、第３章でも述べた技術の業際標準化への対応が求められるようになってきます。

以上のように、縦と横それぞれで分類すると、図1-1のようなＡ型からＤ型まで４つの事業環境に整理できることになりますが、これまで述べてきたようなことから、それぞれにおける技術標準の役割も異なってくることになります。本書が注目している「国際的な異業種連携で進められる標準化」はこれらのうちのＤ型で進められるということになるのですが、そのＤ型をきちんと把握するためにも、Ａ型から順にそれぞれどのような事業環境の中で技術標準が進められているのかを整理していくことにします。

## 事業環境ごとに異なる技術標準

まずＡ型ですが、これは事業を行う上で地理的な範囲も事業領域も特定される事業が想定されるものです。仮にＡ型のような考え方で新たな技術を開発するということとなれば、国際標準も意識せずに済みますし、当該技術のユーザーも特定の業界に限定されるといった、閉ざされた環境の中で技術標準が進められ、またそのような環境の中での事業活動が展開されることになります。

たとえば、かつて2000年代に入った頃に日本の通信業界の中だけで標準化された技術としてNTTドコモが中心となって開発したPDC（Personal Digital Celler）と呼ばれる技術がありました。この技術を通じて、携帯電話はそれまでのアナログ式からデジタル式へと進むことになったのですが、当時NTTドコモ側は国際展開を考えておらず、日本国内での携帯電話端末の販売や通信料の拡大による収益化が考えられていました。ただ、他の国や地域とは異なる独自の進化を遂げたこともあり、「ガラパゴス化」とも呼ばれるなど、閉鎖的な環境の中で展開されたビジネスとなってしまいました。

B型は、技術の用途は特定の業界内での使用に限定されますが、国際化されるために国際標準化が求められることになります。国際標準化されることで、事業範囲も地理的に拡大することができ、事業機会もその分多く恵まれる可能性もあります。

ただ、分野によっては競争相手も多くなることから激しい競争が展開されることにもなるため、わざわざデジュール標準化させるのではなく、すでにデジュール標準化された技術があるのであれば、それを活用することもあり得ます。先に紹介したSwitchはその好例となります。

次にC型ですが、これは地理的には特定されるものの、ユーザーは特定の業界に留まらず、いろいろな業界にユーザーがいるようなケースが想定されるものです。たとえば、日本語ワープロソフトなどがこれに当たるでしょう。これを必要とするユーザーは、すべてとは言えないまでも日本語を使うエリアに特定されます。一方で、あらゆる業界のユーザーが利用するものでもあるため、ユーザーの業種や業界については特定できません。

実際、かつて日本でもっとも普及したPC用のワープロソフトとしてジャストシステムの「一太郎」が挙げられますが、これは当時やはり日本で普及していたNEC製の「PC-9800シリーズ」に向けて販売されたこともあり、このPCを採用していたのは一般の企業だけでなく医療機関や教育機関、官公庁等、「一太郎」にはさまざまな業界にユーザーが存在していました。

その後、日本語ワープロソフトの市場ではマイクロソフトの「Word」が他のオフィス系ソフトのパッケージ化などを通じてシェアを逆転させてしまいますが、「ATOK」と名付けられたジャストシステム独自の日本語変換ソフトは国内の多くのユーザーに高く評価され、日本語を使用するエリアに限定された中で、今日でも多くの支持が得られている技術となっています。

以上のように、A型からC型まで3つのタイプにおいては、地域や事業領域のいずれか、あるいは双方において特定されるようなタイプのため、ターゲットを絞りやすくなる

**図7-1　技術標準を活用したビジネスモデル①**

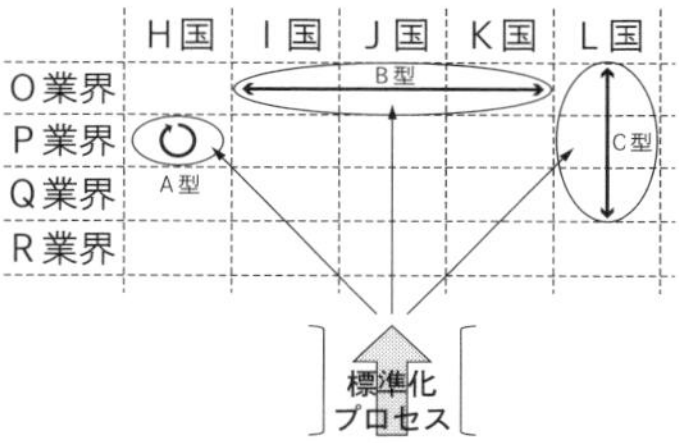


出所）Uchida（2019），p. 8および内田（2024），213頁を本書の内容に合わせ再編集のうえ使用。

**図7-2　技術標準を活用したビジネスモデル②**

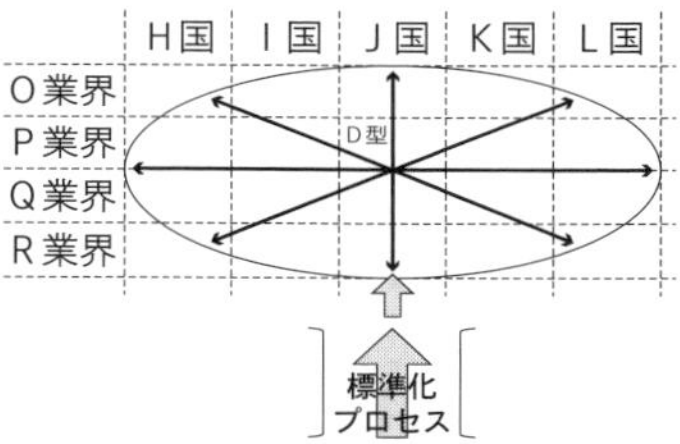


出所）図7-1と同じ。

ということが言えます。図7-1は、これらA型からC型において想定されるビジネスモデルをイメージしたものになります。いずれにおいてもターゲットを特定しやすいということになるので、それは従来からの競争戦略の考え方で検討することが可能です。収益化までのビジネスモデルを構築する上でも、製品や技術における優位性、あるいは技術のライセンス料など、各企業の思惑の中で戦略を立てやすいということにもなります。

ところが、D型に関してはどうでしょうか。国際化と業際化が同時に進行する分野となるだけに、ターゲットの特定が難しい事業環境ということになります。それをイメージしたものが図7-2になるのですが、この図のように、標準化された技術はさまざまな国や地域で、さまざまなユーザーが、さまざまな目的において利用する、というのがこのD型に見られる事業活動になるわけです。

そのため、このD型において主導的に技術開発を進める企業にとっては、技術用途を業際化させる必要性が生じることとなり、さまざまなユーザーの意向をあらかじめ確認できる場が必要となるため、そのような場としてコンソーシアムが大きな意味を持ってきます。このコンソーシアムには、技術用途を業際化させる場としての意味が見出されることになるわけです。さまざまな業界から参加するユーザーの意向は、各業界の市場の状況に適応させることであるため、技術マーケティングの場としての意味も含んでいると言えるでしょう。そのためにも、より多くの企業に参加してもらう方が良いということになります。

では、どのような技術が支持を集めるかと言えば、ユーザー側にとって使い勝手の良い技術ということになります。使い勝手の良い技術とは何を意味するかと言えば、私自身が注目していることのひとつに第3章でも触れたロイヤリティフリーが挙げられます。当該技術を使用しても、お金は請求されないということがあらかじめ決められていれば、安心してその技術を採用することができるためです。実際、コンソーシアムの中にはロイヤリティフリーとするところが増えてきていることは第3章で触れたとおりです。

もうひとつは、当該技術の利用方法が特定されず、いろいろな現場で活用できるということです。技術用途が業際化されているということが、ユーザーにとっての利便性を高めることにつながるためです。

## 第7章のまとめ

本章は第3部の入り口として、「技術用途の業際化」の戦略がどのような事業環境で有効なのかということについて述べてきました。具体的には、国際化と業際化が共に進行するような事業環境ということになるわけですが、こうした事業環境では、国際的な技術標準としてデジュール標準が求められること、さらにはそのデジュール標準化を進める過程でコンソーシアムが活用されること、そしてそのコンソーシアムではユーザーオリエンテッドな標準化が志向される傾向がみられることなどがありました。

ただし、技術を開発する企業側も自社の収益化を実現しなくてはなりません。そのためには図3-4（47頁）で示したように「多くのユーザーと共有」することだけでなく、「自社の儲け口の設定」を通じた収益化という、第3章で触れたコーペティション戦略の実践が求められることになります。

このあたりをさらに具体的に第8章、第9章で見ていくことにします。

**注**

（1）たとえば、ＤＶＤスーパーマルチドライブなど。
（2）外務省公式ウェブサイトによる（https://www.mofa.go.jp/mofaj/gaiko/wto/data/kamei.html ２０２２年６月時点）。
（3）詳細については経済産業省産業技術環境局基準認証ユニット発行の『標準化実務入門（標準化教材）』（平成28年1月7日改訂版）、93―95頁を参照。

# 8 技術用途の業際化を進めた2つのケース

この章では、国際化も業際化もともに進むような事業環境における2つの事例に基づきながら、より具体的に技術用途の業際化戦略を見ていくことにします。

取り上げる2つの事例のうち、ひとつは「特定企業主導型」（特定企業の開発により生まれた技術を業際化させるタイプ）としてQRコードの事例を、もうひとつは「異業種連携型」（異業種連携を通じて開発される技術を業際化させるタイプ）としてRFIDの事例です。どちらもIoTには欠かせない技術となっていることもあり、国際化も業際化もともに進む事業環境下で活用される技術となっています。

本章の内容を通じ、「業種や業界の枠を超え、多くのユーザーと共有」しながら、「自社の儲け口を設定」することが目指されているということについて解説していきます。

## (1)　ＱＲコードにみる技術用途の業際化戦略

最初の事例はＱＲコードですが、この技術は国内でも海外でも、またさまざまな場面で活用されており、かなり普及に成功した技術であることが分かります。

本書でもこれまでに触れてきましたが、あらためてこのＱＲコードがどのように生まれ、どのように普及し、そしてこの技術を開発したデンソーウェーブはどのように儲け口を設定しているかについて見ていきます。

### ＱＲコードの開発経緯

ＱＲコードのように正方形のコードは2次元コードと呼ばれています。タテとヨコの2次元で情報が書き込まれているためです。これに対して、通常のバーコードはヨコ方向にしか情報が書き込まれていないので1次元コードと呼ばれています。

また、2次元化により、バーコードのように幅を広くとることなく情報管理できるという利点もあるため、早くから2次元コードの開発は進められ、１９８０年代にはすでにアメリカでデータマトリクスと呼ばれる2次元コードが生まれています。

データマトリクスは、その後普及にも成功し、今でも使われています。わたしたちが

Amazonで買い物をしたあと、Amazonのパッケージに添付されている送付状をよく見ると、ＱＲコードとは別にデータマトリクスも使われていることがわかります。

これ以外にも2次元コードは存在しており、そのような中でＱＲコードが１９９４年に誕生しました。ＱＲコードを開発した企業はデンソーウェーブであると公式的には発表されていますが、より正確にはデンソーウェーブの親会社であるデンソーの開発部門がＱＲコードを開発し、その後デンソー分社化の際にデンソーウェーブに移管され、それ以降一貫してデンソーウェーブがＱＲコードの管理をしているという経緯があります。

ＱＲコードは2次元コードの中では後発者として登場したことになるため、先発組には無い特徴を持たせることで開発が進められました。大きな特徴として挙げられるのは、「大容量化」、「高速読み取り」、「２バイトコード文字の認識」です。２バイトコード文字とは、漢字のように全角でしか表現できないような文字のことです。

**かんばん方式への採用**

これらの特徴をどこで活かすことが考えられたかと言えば、トヨタの自動車づくりの現場でした。トヨタのものづくりにはさまざまな工夫がみられ、日本の多くの製造業に取り入れられていますが、その工夫のひとつに「かんばん方式」があります。工程間で情報のやりとりをする際に使われた指示票がかんばんですが、以前はそのかんばんの中に長いバーコードが使われていました。

このバーコードを素早く、正確に、そして漢字で表現できるようにすることが目指されたわけです。また、モノづくりの現場で使われるために、油汚れなどがコードに付着することも考えられます。従来のバーコードでは、ちょっとした汚れでも誤認識につながってしまうのですが、ＱＲコードではコードの面積の３割ほどが欠落したとしても補正能力が備えられています[1]。

私たちが普段スーパーで買い物をする際に、たまにバーコードをうまく読み込めないことがありますが、トヨタの工場では１日あたり約２００万回も読み込むのだそうで、仮に０・１％でも手間がかかるようなことがあると、全体ではかなりのロスにつながってしまうことになります。こうした補正能力に支えられた高速読み取り能力は、他の2次元コードには無い優位性となっています。

**普及プロセス**

これだけ優れた特徴を持つＱＲコードなので、すぐにでも普及しそうなものではありますが、当時は普及に向けかなり慎重に進められました。

ＱＲコードの開発者であるデンソーウェーブの原氏によると、開発する上で一番大切にしたことは、ユーザー側の抱える困りごとの解消でした[2]。そのため、ユーザーの意向を把握し、用途開発を進めることの重要性が強調されています。

その後、同社ではＱＲコードを標準化するための活動が進められていきます。ＱＲコードの標準化を積極的に推進した同社の柴田氏によれば、多くのユーザーを獲得するには国際標準化が必要であるといった考え方を早くから持っていました[3]。国際標準化に向け、ＪＡＭＡ（日本自動車工業会）、ＪＡＰＩＡ（日本自動車部品工業会）、ＪＡＩＳＡ（日本自動認識システム協会）、ＧＳ１（Global Standard One）などの中での啓蒙および普及活動に努めていきます。特にＪＡＩＳＡは業際コンソーシアムともなっており、またユーザーサイドの意向を確認するような場も用意されていることから、さまざまな用途開発にも役立てられることとなります。

こうした活動を通じ、２０００年６月に国際標準（正確にはISO/IEC 18004）の発行を成功させます。これにより、世界中でＱＲコードを使った国際ビジネスが可能となります。

また、デンソーウェーブでは国際標準化の際、ＱＲコードの特許は有するもののその権利を行使しない、いわゆるパブリックドメインの宣言をしています。要するに、無償化という選択をしたことになります。

もしもユーザーからロイヤリティ収入を得られるようにしていれば、その後これだけ普及することに成功したのですから、大きな収益につながっていたようにも思われますが、同社は敢えてそれはしていません。その理由を同社関係者にお聞きすると、バーコードやＱＲコードに先行する他の２次元コードも、パブリックドメインとなっているなか、ＱＲコードだけを有償化することはできない、とのことでした(4)。ただ、ＱＲコードを読み取る技術である認識アルゴリズムについては同社によって特許が管理されており、有償実施許諾の対象となっています。

普及活動に関しては、一般のユーザーへも向けられていきます。実は国内では、２０００年にシャープから世界初となるカメラ付きケータイが発売され、いわゆる「写メ」の送信がこのときから可能となりました。デンソーウェーブはＱＲコードの取り扱い開始に向けケータイキャリアへ働きかけていきます。そして、２年後の２００２年には旧J-PHONE（現ソフトバンク）がＱＲコードへの対応を開始させると、２００３年にはＮＴＴドコモ、さらに２００４年にＫＤＤＩも対応を開始させることになります。

これにより、被写体にＱＲコードが付いていればそこからケータイでウェブサイトに行けるため、利便性が飛躍的に向上することになります。また、ＱＲコード自体の作成も、ウェブ上の制作サイトで簡単にできるため、ケータイを介したＱＲコードによる情報連携が個人間でも進められていくようになっていきます。

このように、国際標準化された２０００年以降、ＱＲコードは図7-2（１２９頁）で見たように国境を越え、また業種や業界を越えて利用することのできる技術へと一気に向かうことに成功していきます。

**収益化に向けたビジネスモデル**

そのような中で、同社はどのように収益化に向けて活動していったのでしょうか。

最近のデンソーウェーブの業績について、同社の公式ウェブサイトでは売上高が約５５０億円となっています。ちなみに、従業員数はおよそ１２００名です[5]。私が最初に同社を取材した２００５年ごろの売上高からはおよそ60％ほど増加しています。ですが、これだけ世界に普及しているＱＲコードを持っている企業であるだけに、正直に言えばもう少し規模が大きくなっていても不思議ではない印象を持ちますが、ただ同社からは堅実な経営が感じられるのも事実です。

同社の競合相手はかなり多く存在しています。同社の主力製品のひとつにバーコードリーダー／ライター機器があるのですが、ＱＲコードの無償化、あるいはコンソーシアムでの普及活動などから、バーコードリーダー／ライター機器を開発する多くの企業がＱＲコードの採用を積極化させたためです。

　そのような中で同社の事業の進め方は、徹底したカスタマイズにあります。とは言っても、ＱＲコードを標準化させることに成功させたこの当時、同社が進めていた戦略は顧客に対して個別に対応するということではなく、業界単位でカスタマイズという考え方です。その際、まずは業界全体に対して影響力を持つ業界団体にアプローチしていき、当該業界の商慣習に適したソリューションを提案しながらＱＲコードをその業界の標準コードとして採用してもらうよう促していくという方法です[6]。

　また、プロモーション活動をしていく際には、小さなスペースにも貼れる「マイクロＱＲ」や、セキュリティ機能を搭載した「ＳＱＲＣ」など、進化型ＱＲコードも織り交ぜながら業界の特性に合わせた提案が進められていきます。マイクロＱＲもＳＱＲＣもデンソーウェーブによって開発されたものですが、ＳＱＲＣに関してはＱＲコードと異なり、その仕様をいっさい公開していないため、ＳＱＲＣのリーダー機器はデンソーウェーブにしかつくれないということも有効に活用されていきます[7]。

　こうして「本丸」を攻略することができれば、あとは当該業界に属す個別企業に対して、機器やサービスが売り込まれるという流れとなっています。

このようにＱＲコードにみる成功は、デンソーウェーブという特定の企業によって開発された技術ですが、コンソーシアムをうまく活用しながら国際標準化を実現させ、ＱＲコード自体を無償化することでユーザー企業に受け入れやすくなっていることがわかります。デンソーウェーブ側もユーザー企業をよく見ることで技術用途の業際化が進められてきたことがわかります。要するに、「みんなで使おう」という意識が感じられるのです。その一方で、同社ならではの儲け口も設定されていることもわかります。

では、ＱＲコードの場合と異なり、異業種企業間の連携により開発した技術を業際化するパターン（異業種連携型）ではどうかということについて、次で見ていくことにします。

## (2) ＲＦＩＤに見る技術用途の業際化戦略

技術を利用する側の企業が主導的に標準化を進めているものにＲＦＩＤ（Radio Frequency Identification）があります。ＲＦＩＤは近年わたしたちの身の回りにも多く見られるようになってきており、たとえばユニクロの商品タグの中に組み込まれていたり、交通系ＩＣカードの中に組み込まれるなど、さまざまな用途に活用されています。

図8-1　RFID（パッシブタグ）活用のイメージ

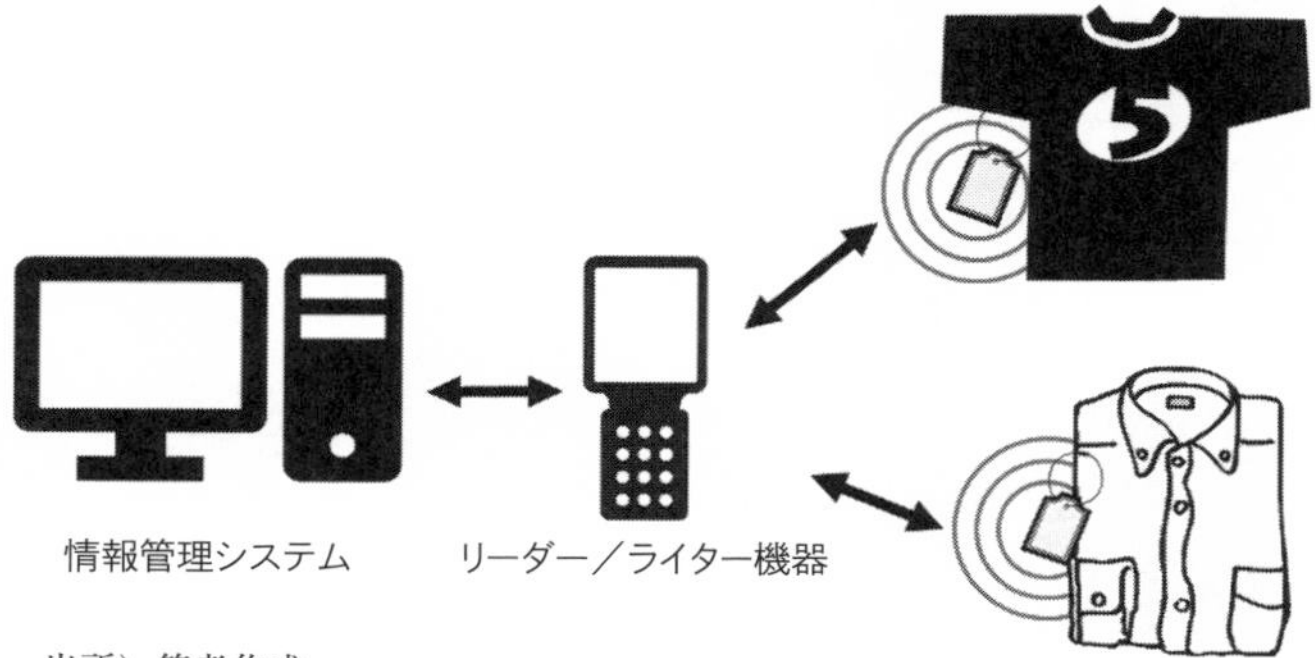


出所）筆者作成。

ユニクロの商品タグを光にかざしてみると中にＲＦＩＤが透けて見えますが、このタグのお陰で会計処理時間が飛躍的に短縮化されています。無人の会計レジに備え付けられている箱形の入れ物に商品を入れれば、一度に合計額が表示され、会計が終わると決済が終了したという情報がそのタグに**書き加えられる**ので、そのまま店外に持ち出しても警報がならない仕組みとなっています。

　このようにタグの中の情報が更新されるというところが大きな特長となっており、ＱＲコードなどには無い技術と言えるものです。

　交通系ＩＣカードも同様で、カード保有者の情報が読み込まれ、またイベントごとに新しい情報も書き込まれるようになっているため、交通機関の利用だけで無く、財布代わりにも使用できるようになっています。

ＲＦＩＤは内部にバッテリーを備えず、リーダー／ライター機器から発信される電波（ＵＨＦ帯）を動力源として動くタイプ（パッシブタグ）と、ＲＦＩＤにバッテリーを備えたタイプ（アクティブタグ）がありますが、一般的には通信距離は短くなるものの低コストや小型化に優れているパッシブタグが普及しています。

電波を通じて、ＲＦＩＤとリーダー／ライター機器との間で情報のやりとりが常に行われているので、たとえば在庫管理などにおいては、どこに何があるかすぐに所在確認ができ、トレーサビリティの観点では探している品物がどこにあるかを追跡することにも用いられるなど、いろいろな場面で役立てられています。そのため、グローバルサプライチェーンの仕組みの中では、こうしたＲＦＩＤの特性によりますますその存在価値が高められてきています。

**ＲＦＩＤの標準化プロセス**

その一方で、ＲＦＩＤのユーザーはさまざまな業界にまたがっているため、その用途はかなり業際化されていることも事実です。先のＱＲコードのときにも触れたように、各業界にはそれぞれの商慣習によって情報管理の方法にも違いがあるため、ＲＦＩＤにおいてもどのような情報を、どのように格納するかなど、データの扱い方を標準化していくことが必要となります。

ＲＦＩＤの標準化を進めているコンソーシアムにＧＳ１（Global Standard One）と呼ばれる機関があります[8]。ＧＳ１の本部はブリュッセルにあり、世界中のさまざまな業界から１００万社以上の企業によって構成される国際的かつ業際的なコンソーシアムとなっています。これだけの会員企業をどう管理するかというと、世界１１０カ国にＧＳ１の下部組織が存在しており、ＧＳ１で策定された標準の普及や推進はこうした下部組織によってそれぞれの地域ごとに進められています。また、各地域に存在するユーザー企業から出されたＲＦＩＤの標準に関する新設要求や変更要求などへの対応もこうした下部組織が行っています。日本ではGS1 Japanがこうした役割を担っています。

このＧＳ１で進められる標準化の最大の特徴が「ユーザー主導型」です。ＧＳ１では、ＧＳ１下部組織に届けられるＲＦＩＤの標準仕様に対する新たな要望はＷＲ（Work Request）と呼ばれているのですが、このＷＲはＲＦＩＤのユーザー企業側からしか受け付けないという原則があります。当然のことながら、ＲＦＩＤそのものを開発し特許を持っている企業は存在するわけですが、こうしたライセンサー側の要求は受け付けないこととなっているのです。その理由は、ライセンサー側の意向が入ってしまうと、そのことがユーザーにとって扱いにくさにつながってしまいかねないという考えがあるためです。

**図 8-2　GS1 の標準化策定上のルール**

① ユーザー主導であること

② ユーザーのビジネスニーズに即していること

③ グローバルであること

出所）GS1 Japan 公式ウェブサイト記載内容に基づく（https://www.gs1jp.org/standard/gs1/）。

場合により、ユーザーの間での普及を難しくさせてしまうことにもつながりかねません。ユーザーにとっての扱いにくさというのは、本書で言うユーザーの利便性を損なってしまうことを意味します。ＧＳ１からは、こうした状況を回避するという姿勢が感じられます。

図８-２が、ＧＳ１において標準化を進める上での基本的な考え方ですが、これをみるとユーザー側を尊重した標準化プロセスであることがよく分かります。

また、このことと同様にＧＳ１で大切にされている考え方がロイヤリティフリー、すなわち無償実施許諾での運用です[9]。ただ、知財に関してＧＳ１で定められているＩＰＲポリシーをよく見ると、たしかにロイヤリティフリーで進めるということが書かれているのですが、実はそれだけではなくＲＡＮＤ（Reasonable and Non-Discriminatory）の運用も認められる旨、明記されています。

ＲＡＮＤというのは、ライセンス契約をする上で、合理的かつ非差別的な考え方の下で進めることを言っているものですが、要するにこのＲＡＮＤの考え方に基づきながら有償実施許諾ができることも謳われているのです。ちなみに、近年ではこのＲＡＮＤに「公正な」を意味するFairを付け、ＦＲＡＮＤということもありますが、ここではＧＳ１が用いているＲＡＮＤを使用していきます。

ＧＳ１ではライセンサーに対してロイヤリティフリーだけでなく、ＲＡＮＤの宣言も認められています。ただしこれは、完全にロイヤリティフリーだけで進めるということにしてしまうと技術を集めにくくなってしまうことにもなりかねず、そのためライセンサーへの配慮も考えられるのですが、ただ実際の運用面ではＲＡＮＤではなくロイヤリティフリーで進められているということを、ＧＳ１の関係者から聞いたことがあります。その関係者によると、実際にＲＡＮＤ宣言をするライセンサーが出た場合には、ＧＳ１側は当該ライセンサーに対してロイヤリティフリーに切り替えてもらうよう粘り強く交渉し、それでも応じてもらえない場合には当該技術をうまく避けながら標準化を進めるようにしているとのことでした。ＩＰＲポリシー上でＲＡＮＤ宣言を認めてはいても、あとになって法外な利用料を請求されるようなことにでもなってしまうと、技術の普及にブレーキがかかってしまうことにもなりかねないので、ユーザー側に安心して利用してもらうためにもロイヤリティフリーの原則が追求されているのです。

この考え方に対して、ライセンサー企業はどのように捉えているでしょうか。ＲＦＩＤ

技術の特許を持つ代表的な企業にアメリカのインピンジという企業があります。同社はＲＦＩＤの普及とともに業績を伸ばしている企業ですが、この同社もＧＳ１ではロイヤリティフリーで技術を提供しています。では、同社はどうやって業績を伸ばしているかというと、ＲＦＩＤのタグやリーダー／ライター機器の販売、さらにはＲＦＩＤに関するソリューションビジネスを通じた収益化が進められています。インピンジ社の提供するＲＦＩＤをもとに、同社顧客企業における作業効率の改善提案や物流プロセスの最適化提案などが同社の業績に貢献しています。

## ＲＦＩＤの将来性

このように、さまざまな方面で普及してきている技術ではあるのですが、ただ限界が見られるのも事実です。具体的には、ＲＦＩＤそのもののコストの問題です。

矢野経済研究所の調査によると、日本では２０２２年時点でＲＦＩＤタグの１枚あたりの単価は10・３円と報告されています[10]。より多く普及させるには、１枚あたり５円以下にまで下がることが条件だなどということは、実は10年以上前から言われてきました。

その努力の甲斐もあって、徐々に単価も下がっていき、新型コロナによる影響が深刻化する前には、７円ほどまで低下してきていたのですが、その後の世界的な材料費高騰によりまた単価が上がってきている状況となっています。

ところが、その一方ではＩｏＴがますます進展し、国を挙げたＤＸ化が推進されているのも事実です。ＲＦＩＤにはこうした動きと密接な関係も見られるようになってきており、特に今後ますます実用化が期待されている「デジタルツイン」においては、ＲＦＩＤは欠かせない技術となっています。

デジタルツインというのは、ＲＦＩＤを通じてヒトやモノから収集した実際のデータを仮想空間で再現することを言いますが、これを通じてさまざまなシミュレーションが可能となることから、未然に故障や事故を防いだり、あるいは最適な解を導き出すことにより、自動運転やロボット制御、医療分野などでの運用が期待されています。現在、ＮＴＴが中心になって開発を進めている次世代光通信基盤「ＩＯＷＮ（アイオン）」が実用化されれば、さらに大量のデータをもとにデジタルツインでの運用が可能となることから、たとえば防衛省では防衛装備のマネジメントにも応用できるといった期待が持たれています。

このように、国境を越え、業界の枠を越えて普及が進められているＲＦＩＤの技術は、ＧＳ1という異業種企業の集まりにより構成されるコンソーシアムによって標準化が進められ、その目指すところはユーザーにとっての利便性を最大化させることであることが分かります。

## 第8章のまとめ

以上のように本章では、技術用途の業際化における2つのタイプとして、「特定企業主導型」と「異業種連携型」を見てきました。前者はデンソーウェーブが開発したＱＲコードの業際化、また後者はＧＳ１の中で業際化されたＲＦＩＤの事例をもとにそれぞれ説明してきました。

どちらにも共通しているのは、「どこの誰がどのような目的で使うか」ということが特定しにくい点にあり、そのため技術用途の業際化戦略においては国際的かつ業際的なコンソーシアムを通じて標準化が進められているということになります。また、こうした場においては、ユーザーオリエンテッドな考え方に基づいて技術標準が進められていることも共通していました。その理由は、さまざまなユーザーからのニーズが得られない限り、技術用途を業際化させることが難しくなるためです。ただし、デンソーウェーブやインピンジに見るように、自社の得意領域から収益化への道を確保しておくことが重要であることも分かりました。これら両社の戦略から読み取れるのは、自社技術をオープンにすることを通じて国際的かつ業際的に利用される環境がつくられていること、そしてそこから自社の収益化が目指されているといったコーペティション理論で説明できる戦略がとられていることです。

このように、技術用途の業際化戦略においては、国境を越え、業種や業界の違いに関係無く存在するユーザーに向けて事業が行われることになるわけなので、その意味では**真のグローバル化**への対応として技術用途の業際化戦略が位置づけられるとも言えるでしょう。

ただその一方で、真のグローバル化を進める企業にとっては、ちょっと厄介な問題が生まれつつあることも事実です。それを次で見ていくことにしましょう。

**注**

（１）この情報は、実際にＱＲコードの開発に携わった野村雅弘氏へのインタビュー内容による（インタビューは２００５年９月２日に実施したもの）。
（２）国際ビジネス研究学会第30回年次大会に招かれた原昌宏氏の講演、およびその資料による（法政大学、２０２３年10月21日）。
（３）柴田彰氏本人へのインタビュー（２００５年８月実施）、および小川（２０２０）、１１５頁記載内容による。
（４）同社関係者とは、実際にＱＲコードを開発した原昌宏氏、前出の野村氏、さらには標準化を推進した柴田彰氏による。
（５）デンソーウェーブ公式ウェブサイト（https://www.denso-wave.com/ja/about/outline/）による。
（６）このあたりの内容は、同社自動認識事業部営業企画室宛に実施したかつてのヒアリング内容による（２００５年11月実施）。

（7）この内容については、前出の原昌宏氏より直接伺った内容に基づく。
（8）ＧＳ１については、内田（２０２４）にも詳述しましたが、ここでは本書の内容に即して記載しています。
（9）ＧＳ１ではＩＰＲポリシーではなくＩＰポリシーと呼ばれています。
（10）矢野経済研究所『２０２２年版ＲＦＩＤ市場の現状と展望』37頁。

# 9 真のグローバル化への課題

前章では、「特定企業主導型」としてＱＲコードの事例を、また「異業種連携型」としてＲＦＩＤの事例を通じ、それぞれから技術用途の業際化戦略を見てきました。このような技術用途の業際化戦略を考えるとき、本書が注目しているのが国際化と業際化が同時に進むという事業環境であり、こうした事業環境こそ、真の意味でのグローバル化が見られると述べました。

また、真のグローバル環境においては、前章で紹介した2つのタイプのようにロイヤリティフリーを通じて技術用途を業際化させる戦略にその有効性があるということについても述べてきました。

ところがその一方で、業種や業界を越えた相手に対してロイヤリティフリーどころか、より厳しくロイヤリティを求めるビジネスがあるというケースも実際には存在しています。これを「真のグローバル化」への課題として、第3部の締めくくりに取り上げることにします。

## (1) アバンシの戦略行動の意味

２０２２年9月、トヨタをはじめとする日本の自動車大手各社は、アバンシと呼ばれる通信技術関連のパテントプール管理企業に対して、特許料の支払いに応じることが報道されました。[1] 実は、この半年ほど前の2月に、トヨタなど日本の自動車メーカーはアバンシから特許料を要求されたとする大きな記事が報道されたのですが、その要求に応じたということになります。

アバンシは世界の情報通信関連技術の特許を管理する団体として、２０１６年にアメリカで設立されました。同社の保有する特許は、ノキアやクアルコム、日本のシャープやNTTなど、世界の主要な企業約60社で構成されており、その技術は2G、3G、4G、さらには5Gといった通信技術における標準必須特許となっています。ネットと接続する上では、絶対に欠かせない技術であると言えるものです。

すでに世界の自動車業界ではコネクテッドカー（ネット接続可能な車）が一般的となっ

**図9-1　アバンシとは**

アバンシ（AVANCI）

- ■2016年9月に，エリクソンの元知的財産最高責任者（CIPO）のカシム・アルファラヒ氏により米国で創設。コネクテッド製品の通信規格に組み込まれるSEP（標準必須特許）プールのライセンス・エージェントとして活動。
- ■2G，3G，4G必須特許の大部分を1つのライセンスでカバーし，これを適正な定額料金（注：AVANCIによる）で供与。ライセンス料は，2G・3Gが1台あたり約9ドル。4Gは同15ドル程度。すでに，5G自動車プログラムが開始。
- ■メンバー企業
  NOKIA，Ericson，Siemens，Qualcomm，NTT docomo，NEC，Sharp，Sony，ZTEなど約60社で構成。
- ■アバンシが得たライセンス収入は，参画企業に分配。

出所：AVANCI公式サイト（https://www.avanci.com/），公正取引委員会公表資料（https://www.jftc.go.jp/kokusai/kaigaiugoki/usa/2020usa/202009us.html），毎日新聞「週刊エコノミストOnline」（https://weekly-economist.mainichi.jp/articles/20181204/se1/00m/020/048000c），日本経済新聞2022年2月1日付をもとに作成。なお，ライセンス料は資料作成時のものであり，交渉の時期や交渉相手によっては違いがあることを付記する。

てきていますが、報道によるとトヨタはアバンシに対して2Gから4Gまでの技術を包括的に使う代わりに、車1台あたり15～20ドルの支払いをすることとし、5Gに関する技術で契約をしたダイムラーにいたっては1台あたり29ドルの支払いに応じたことが報道されています[2]。これまでこうした費用がかからなかった自動車メーカーにとっては、新たなコスト負担につながるため、当然のことながらすぐに受け入れられるようなものではなく、一部では裁判に発展するほど強く反発が見られているのは事実です。

２０２０年以降、特許料の支払いを求める動きを活発化させるアバンシの行動は、国際ビジネスの動向にもとても大きな意味を持つものとして私自身も注目しているところです。というのは、アバンシのこの問題は、国際的なライセンス問題ということだけでなく、通信技術業界と自動車業界との間に起こった**業際的な問題**でもあるからです。実際に２０２２年に出した私の論文の中でも取り上げ考察しました(3)。本書でもそのときに考察した内容を踏まえながら、本書なりの問題意識を加えた上で、アバンシのケースについて取り上げることとします。

## グローバルサプライチェーンにおける業際化の影響

アバンシに管理される技術は、先にも触れたとおりＩｏＴにおいては欠かせない技術となります。もちろん、この技術は国際的に標準化されている技術となっています。

前章までの内容から言えば、国際的かつ業際的に普及が目指される技術であれば、コンソーシアムを通じてその技術が標準化され、さらにロイヤリティフリーをもとに普及が目指されてきたのですが、アバンシに関してはそのようになっているわけでは無く、むしろかなり強気で交渉する姿勢が感じられるようになっています。「強気で交渉する姿勢が感じられる」というのは、アバンシがターゲットとする自動車業界の中でも、自動車メーカーに対して特許料の支払いを求めているからです。

もう少し詳しく説明すると、アバンシのように通信技術を持つ企業は自動車業界のサプ

図９-２　自動車業界のサプライチェーンとアバンシの行動

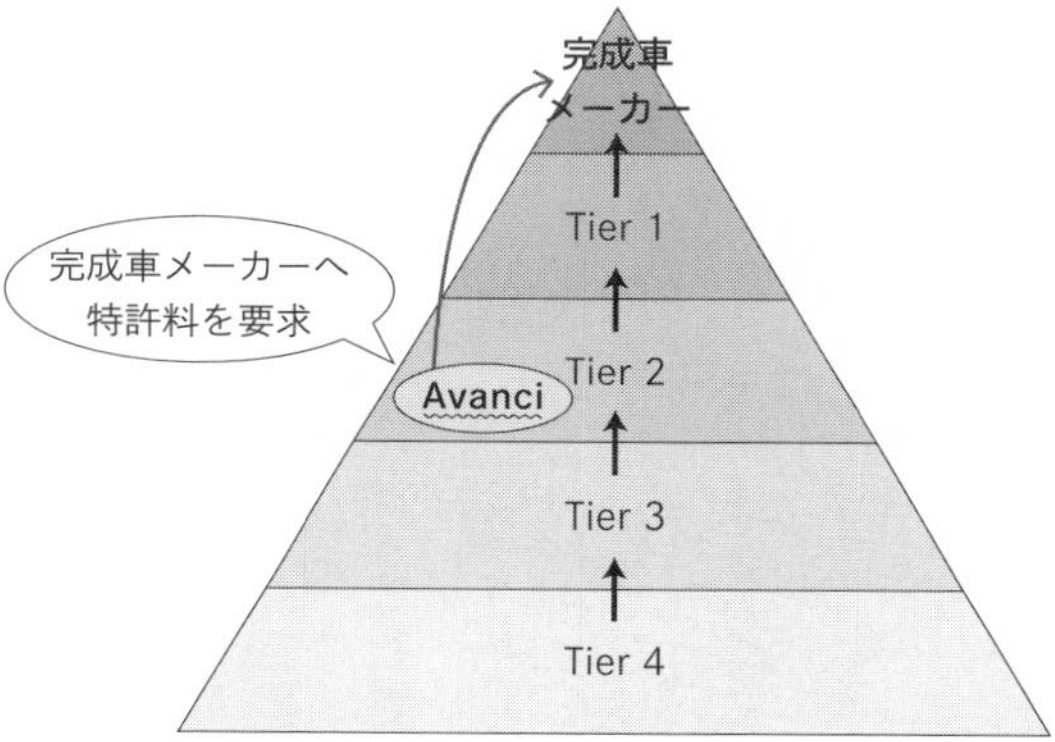


出所）筆者作成。

ライチェーンではティア２（Tier 2）に位置づけられるのですが、自動車業界の慣例ではティア２企業がライセンスする相手は直接供給する相手であるティア１企業だという考え方が一般的となっています。

ティア１企業というのは、完成車をつくる自動車メーカーに直接部品を供給する企業のことを言い、ティア２企業はティア１に直接供給する企業のことを言います。自動車業界ではこうした階層が４～５層で構成されており、それぞれ一つ上の階層に部品が供給される仕組みとなっています。アバンシの技術もティア１企業の部品に組み込まれるため、技術そのものはティア１企業へと渡るのですが、特許料は当該技術が最終的に組み込まれることになる完成車メーカーへ請求するという行動に出たわけです。アバンシにとっては、ティア1企業へ請求するよりも完成車メーカーへ請求した方がより多くの使用料が期待できることになるからです[4]。

ただ、自動車業界においては、部品取引に関する契約の際には「特許補償条項」が盛り込まれることが一般的となっており、これを根拠に完成車メーカーではアバンシの請求を退けることも検討されました。特許補償条項というのは、サプライヤーが完成車メーカーに納める部品は第三者の特許権を侵害していないことを保証するのと同時に、第三者から権利侵害に基づく請求を受けたときは、その防御や損害補償の義務を当該サプライヤーが負うというものです。

つまり、アバンシの例で言えば、アバンシがティア1企業を飛び越えて自動車メーカーに特許料を求めても、この条項があることによってメーカー側ではなく、アバンシの技術を最初に組み込んだティア1企業に対応させることができることになるわけです。

ところが、そうであるにも関わらず、このアバンシの一件に関しては、近年多くの自動車メーカーがアバンシの要求に応じるようになってきているのです。言い方を換えれば、アバンシの一件に関しては自動車業界のこれまでの「常識」が通らなくなっているということになります。

ちなみに、通信業界においては部品メーカーの特許料は完成品メーカーに要求することが一般的となっています。完成品価格の数パーセントを特許料として請求した方が自分たちの取り分も大きくなるということが背景にあります。以前、私はアメリカのある大手半導体メーカーの経営トップの方にヒアリングした際にお聞きしたことがあるのですが、その際、実際に同社の開発したチップの特許料は、それが組み込まれたスマホのメーカーに要求しているとのことでした。ということは、アバンシの一件は通信業界の「常識」を自動車メーカーに呑ませたということにもなるわけです。

近年、真のグローバル化が進む状況においては、第8章で紹介した事例とは異なり、特許を持つ権利者（ライセンサー）が強気に事業を進めるような状況も見られるようになってきていると言えることになります。その背景にあるのが、次に説明する「FRAND重視政策の揺れ動き」です。

## (2) FRAND重視政策の揺れ動き

第8章でも触れましたが、FRANDというのは標準必須特許を「公正、合理的かつ非差別的（Fair, Reasonable and Non-Discriminatory）」にライセンスするということを意味するものです。前にも触れましたが、標準必須特許というのは、技術を標準化する上で欠かせない中核的な技術のことです。FRANDの考え方の下では、標準必須特許を実施者（ライセンシー）に対して、公正に、そして合理的かつ非差別的にライセンスしなくてならないということになります。多くの国際標準化機関では、ロイヤリティフリーとするか、もしくはこのFRANDにするかということを権利者側に決めさせています。

FRANDに似た用語として前章ではRANDについて触れました。FRANDについての詳しい話に移る前に、混乱を避ける上でもRANDについて簡単に振り返っておきます。

前章で触れたのは、GS1のIPRポリシーの話の中でした。このRANDに「F」(Fair) がついたものがFRANDです。RANDは「合理的かつ非差別的」なライセンスを表現しているものだったわけですが、RANDに「F」が付くことによって、意味的には権利者に対してより誠実な対応が求められるような思いが込められることになります。ただ、実際には運用の仕方においてRANDとの間で大きな違いがあるわけではありません。GS1がRANDという用語を用いているので前章ではそのように記載しましたが、近年では実はFRANDの方が多く見られるので、本書でもここから先はFRANDを用いることにします。

また、ここから先の話の中で大事な意味を持ってくる「標準必須特許とFRANDとの関係性」についても触れておく必要があります。一般的には、特許が侵害されると権利者は侵害者に強気に出ることができるものと理解されています。悪いのは侵害した相手であるとして、訴訟問題に発展させるという切り札があるため、交渉を有利に進めることができるからです。

ところが、同じ論理が標準必須特許でも当てはまるかと言うとそうではないのです。国際的な影響力を持つ標準必須特許は、公益性の観点から捉えられるようになってきているためです。(5) 仮に、標準必須特許を使わせないという権利者がいたとすると、その権利者は市場における支配的地位を濫用したものとして、競争法で禁止された行為に該当するものとみなされることになります。日本でも独占禁止法によって優越的地位の濫用は規制の対象となっているように、各国の法制度の中で規制されている行為になるのです。だからこそ、FRAND宣言をすることの意味は大きく、たとえ有償実施許諾であったとしても公正で合理的、かつ非差別的にライセンスすることを実施者に対して保証するのです。

実は、このような実施者への配慮が感じられる考え方に至った背景にあるのが、かつて「ホールドアップ問題」と言われ社会問題化した知財紛争でした。

**ホールドアップ問題**

ホールドアップ問題というのは、技術標準が策定された後になって権利者が現れ、自社の権利を侵害したとして高額なロイヤリティを要求するような事案を言います。とても有名な事件としてよく取り上げられるのが「ラムバス事件」です。

ラムバスというのは、アメリカの電機メーカーの名前です。ラムバス社は、自社の持つ特許を他社へライセンスすることで収益をあげている企業として有名なのですが、このラムバス社が所属していた半導体関連の標準策定コンソーシアムにおいて、2002年に象徴的な出来事がありました。

JEDEC（Joint Electron Device Engineering Council）という名称のコンソーシアムにラムバス社も参加していたのですが、そこで策定する標準必須特許にラムバス社の特許が含まれていたにもかかわらずそのことを宣言せず、後になって実施者に高額のライセンス料を請求したという事件です。

この事件に対しては、FTC（アメリカ連邦取引委員会）が問題視し、ラムバス社がとった行為は不公正な競争方法にあたるとして同社を訴えることになりました。ところが、JEDECのIPRポリシーには不備もあったことから二転三転してしまうことになります[6]。結局その後、最高裁まで争われましたが、最終的にはラムバス社が勝利するという結果となりました。

このようなホールドアップ問題は、１９９０年代後半以降に多く見られるようになっていくのですが、この手の問題が増えると、実施者にとっては安心して標準必須特許を利用することが難しくなってしまうことになります。

そこで、標準必須特許を策定する各コンソーシアムにおいてはＩＰＲポリシーで明確に規定するようになっていき、そのポリシーの中でロイヤリティフリーか、もしくはＦＲＡＮＤのどちらかで運用するケースが一般化されるようになっていきました。権利者側はいずれを選択するかを宣言し、同時に実施者に対して速やかにライセンスすることを約束するよう求められるようになったわけです。

こうして制度化が進められていくのですが、そうは言ってもやはり権利に関することについての紛争が無くなるわけではありません。実際に知財紛争が生じてしまうと、ホールドアップのような問題は避けなくてはなりませんし、また公益性の観点もあり、その後は実施者・・・・・

実施者が有利となる司法判断が増えていくようになりました。

**実施者有利な司法判断の一例**

実施者に有利となる司法判断が注目されるようになったのは、ホールドアップ問題が社会問題化した後、2010年代に多く見られるようになっていきます。ここでは、日本、欧州、アメリカで展開され注目された象徴的な判決内容について、順に紹介します。

### アップル対サムスン事件（日本）[7]

日本で初めて標準必須特許に関する知財紛争となったのが、アップルとサムスンの間で展開された訴訟でした。アップルの「iPhone 3GS」や「iPhone 4」がサムスンの通信技術の一部を侵害しているとして、サムスンは2011年にアップルによるこれら製品の生産、譲渡、輸入等の差止めを求める仮処分命令の申立てを東京地裁に提出したのでした。

これに対し東京地裁は、サムスンが本件特許権に基づく損害賠償請求権を行使することは、権利の濫用に当たるものとして許されないと判示し、一度はアップル側の全面勝訴となります。

サムスン側はこれを不服として直ちに控訴し、知財高裁において審理が行われました。その結果、2014年5月16日に知財高裁は一審判決を一部変更し、アップルはサムスンに対してライセンス料の範囲内での損害賠償を容認するとした判決を下しました。

ところが、アップルに対して差止請求権を行使する行為については権利の濫用にあたるという判断がここでも示されました。その理由には、アップルはFRAND条件によるライセンスを受ける意思を表明していたことが挙げられます。こうした姿勢を見せているアップルに対して権利者のサムスンのとった対応は、権利の濫用とみなされることを世界に示す判例となったのです。

## ファーウェイ対ZTE事件（ドイツ）[8]

次の事件はドイツで争われたもので、権利者ファーウェイと実施者ZTEの間で展開された訴訟事件です。どちらも中国の通信機器メーカーです。

ファーウェイは4G／LTE関連技術の標準必須特許を持っていて、2009年3月4日にはその技術を欧州電気通信標準化機構（European Telecommunications Standards Institute：以下ETSI）という世界的に認められている標準化組織に対して、標準必須特許の宣言をしています。また、このときにFRAND条件で第三者にライセンスする用意があることも表明していました。

ファーウェイとZTEは2010年11月から2011年3月にかけて当該特許の侵害問題解決のためにFRAND条件でのライセンス契約について協議していました。つまり、ファーウェイもZTEもFRAND条件でのライセンス協議そのものには参加していたことになります。

ただ、ＺＴＥはファーウェイ側が提示する特許料の要求を受け入れることができず、同社はクロスライセンスによる解決を求めたため交渉がまとまることはありませんでした。

その後もＺＴＥは特許料を払うことはなく、こうした状態がしばらく続いたため、ファーウェイは２０１１年4月、ドイツのデュッセルドルフ地裁に、侵害の差止め、過去の特許侵害に対する補償、侵害製品の回収および将来の使用に対する損害賠償支払いの命令を求める訴訟を起こしました。

このような経緯の中で欧州委員会は以下のような見解を示しました。それは、「標準必須特許所有者が標準化機関に対してＦＲＡＮＤ条件でライセンス許諾の用意があると表明」し、「侵害者がライセンス交渉に前向きである」場合、標準必須特許所有者の差止訴訟は「欧州連合の機能に関する条約（ＴＦＥＵ）」１０２条の「支配的地位の濫用」に当たるとする見解です。

この見解はファーウェイ自体が直ちに支配的地位の濫用に当たるとまでは言い切ってはいないのですが、実施者がライセンス交渉に前向きである場合（ライセンスの交渉につく場合）、権利者側は「濫用」にあたるとする見解を明示したことになっており、実施者側に有利な判断が示されたケースとなっています。

マイクロソフト対モトローラ事件（アメリカ）⑨

もうひとつ、ここで紹介する最後の事例は、アメリカで争われた訴訟で、実施者側のマイクロソフトが権利者側のモトローラを訴えた事件です。２０１０年3月、マイクロソフトは自社のゲーム機「Xbox 360」に使用している無線技術の特許料が不当に高すぎるとして、モトローラを相手取り、特許料の適正化を求める訴訟を起こしました。

モトローラは、ビデオ映像符号化H.264と無線LAN802.11の標準必須特許を保有しており、それぞれを標準化した国際標準化機関でＦＲＡＮＤ宣言をしていました。マイクロソフトはモトローラから最終製品の２・25％のロイヤリティを支払うよう求められていたのですが、これが高額であると判断したためＦＲＡＮＤ義務違反という主張でモトローラを提訴したのでした。

裁判の結果は、実施者であるマイクロソフト側の主張が受け入れられ、H.264については上限16・３８９セント／台、下限０・５５５セント／台と設定され、またLAN802.11については上限19・５セント／台、下限０・８セント／台とするなど、マイクロソフト（実施者側）に有利な判決となっています。

以上の３つのケースは、いずれも２０１０年前後に見られた判例です。先に紹介した90

年代後半以降に見られるようになったホールドアップ問題に対し、ＦＲＡＮＤが重視され、その結果として実施者に有利とされるような判断が見られるようになっていきました。

実は、こうした法的な解釈は、国ごとに独自の判断が行われるものではあるのですが、ここで取り上げているような裁判の場合は国境を越えて活動する多国籍企業が中心となっていることもあり、ある国の司法判断が他国の法的解釈の参考になるようなことは十分に考えられるものと言えます。ということは、実施者有利となるような判断は国を越えて共通した考え方となってきているという見方もできることになります。

ところが、国を越えて共通した考え方になっていったにもかかわらず、本章の冒頭で示したアバンシにおける近年の事例においては、実施者が不利というまったく逆の判断が見られるようになってきているのです。なぜでしょうか。

本章では、こうして見られるようになった近年のＦＲＡＮＤに対する解釈の変化が、「真のグローバル化」における課題であると考えているので、次の節でアバンシの事例をあらためて詳しく見ていくことにします。

## (3) アバンシの判例にみるFRAND解釈の変化

アバンシは先にも触れたとおり、自動車メーカーに対して通信技術のロイヤリティを要求することが多いのですが、そのために自動車メーカーとの間で訴訟事件に発展したケースも少なくありません。ここでは代表的なケースを取り上げます。

### ノキア対ダイムラー事件（ドイツ）[10]

アバンシは通信技術を持つ世界各国の企業の標準必須特許を管理している企業ですが、そのアバンシに特許管理を依頼している個別企業が自動車メーカーを相手に訴訟となるケースも見られます。最初に紹介するのは、ノキアとダイムラーとの間で展開された訴訟です。

4G／LTEの標準必須特許を有すノキアは、2016年11月以降、ダイムラーに対してライセンスの契約を進めるよう申し出たのですが、ダイムラー側はこれを突っぱねます。その理由は、先に示したようにノキアはティア2企業だからです。ダイムラーにとっては、ノキアにロイヤリティを支払うべきなのは、ノキアから直接部品を納めるティア1企業、コンチネンタル・オートモーティブ社（以下、コンチネンタル社）だとの考えがあったためです。

ノキアはＥＴＳＩに対し自社の技術が標準必須特許に含まれていることを申告しており、またその際にＦＲＡＮＤ宣言もしています。これがダイムラーにとっての主張に含まれます。というのは、ダイムラーにしてみればノキアの行為はコンチネンタル社ではなく、ダイムラーにライセンス付与するということになり、それは差別的であることからＦＲＡＮＤ義務に反するという主張です。

その後、ノキアは２０１９年にドイツ国内において権利侵害訴訟を申し立てます。その間、ダイムラーはノキアの要求するライセンス料の支払いを拒み続けています。

ところが、こうしたダイムラーの考え方に反して、２０２０年には審理していた裁判所がダイムラーに対して差止命令を下すとともに、ダイムラー側が損害賠償責任を負うべきという権利者に有利な判断を示すことになります。結局、ダイムラー側もこれを受け入れざるを得ず、その後はノキアの要求するライセンス料の支払いに応じています。

### シャープ対ダイムラー事件（ドイツ）(11)

これと似たケースは日本のシャープとの間でも展開されました。シャープは４Ｇ／ＬＴＥに関する標準必須特許を有しており、それをＥＴＳＩには宣言し、またＦＲＡＮＤ宣言もしています。

２０１９年６月、シャープはダイムラーが販売する通信機能付きの「コネクテッドカー」で特許侵害があるとしてミュンヘン地方裁判所に提訴します。

２０１９年７月、ダイムラーはノキアとの訴訟のときと同様に、自社ではなくコンチネンタル社にライセンスが許諾されるべきだとの考えがあり、コンチネンタル社にライセンスをオファーしないシャープの行為はＦＲＡＮＤ誓約に反しているという内容の書簡をシャープに送付します。

ところが、２０２０年９月、同裁判所はやはりシャープに有利な判断を下します。ＬＴＥ規格技術を搭載した自動車に関し、ダイムラーはシャープの特許権を侵害していると判断し、同時に、ダイムラーに対するシャープの権利行使がＦＲＡＮＤ宣言に反するとのダイムラーの抗弁を退け、差止を認めるという権利者有利な判決を出したのです。

### コンチネンタル対アバンシ事件（アメリカ[12]）

以上のようなことを受けダイムラーは、今度はティア1企業であるコンチネンタル社に対して、コンチネンタル社の方からアバンシへ標準必須特許ライセンスを求めるように働きかけていきます。ところが、アバンシ側は自動車メーカー以外にはライセンスしないとしてこれを拒絶します。そこで、これは差別的であるためＦＲＡＮＤ誓約違反であり反トラスト法に反するものとして、２０１９年５月にコンチネンタル社は地裁に提訴するのです。

しかしながら、地裁はコンチネンタル社の主張を一部認めたものの、そもそも反トラスト法上の当事者として適格ではないことを理由に、コンチネンタル社のシャーマン法[13]請求を却下してしまいます。これを不服としてコンチネンタル社は、控訴裁判所に控訴したのですが、２０２２年２月には控訴審でも当事者適格の欠如を理由にコンチネンタルの訴えを却下し本件を差し戻してしまうのです。

**ＦＲＡＮＤ解釈変化の背景**

以上のように、２０１０年代の前半ころまでにおいてはＦＲＡＮＤ解釈上、実施者有利という判断が多かったものが、近年では権利者有利となるような判断が多く見られるようになってきています。なぜこうした「変化」が見られるようになってきているのかについては、さまざまな見方がなされています。

表９-１でまとめたように、実施者側に有利な判断が多く見られた２０１０年代前半においては、それ以前に問題となったホールドアップ問題が背景にあったので、その問題へ

表9-1　FRAND解釈の変化

| 実施者側に有利な判断 | 権利者側に有利な判断 |
| --- | --- |
| ●「ホールドアップ」を問題視<br>⇒権利者側の姿勢<br>●誰もが等しく標準必須特許のオファーを得ることができる<br>⇒ License to All<br>●「支配的地位の濫用」を厳しく監視 | ●「ホールドアウト」を問題視<br>⇒実施者側の姿勢<br>●すべての実施者が公正で合理的かつ非差別的な条件で標準必須特許にアクセスできる<br>⇒ Access for All<br>●ただし、非差別的であることが絶対的なものではない<br>⇒アバンシに関する訴訟ケース |

出所）筆者作成。

の対応から「License to All」という考え方がFRANDを解釈する上で重視されました。

「License to All」というのは標準必須特許のライセンスを求める者にはすべてライセンスするという考え方で、非差別的な対応を担保するかつてのFRANDの前提となっていました。法解釈上でもLicense to Allの原則に反する場合には、支配的地位の濫用に相当するとして、これを規制していました。

ところが、2020年頃よりこの考え方とは異なる判断がなされるようになったわけですが、先のホールドアップ問題よりも「ホールドアウト」の方がむしろ深刻であるという考え方もみられるようになってきたのです。

ホールドアウトというのは、ライセンス契約が結ばれない限り、実施者側がずっと特許料の支払いを拒み続けることを意味します。本章で紹介したケースの中でも複数のケースで見られます。こうした状況から、License to AllではなくAccess for Allという考え方が近年の解釈におけるベースとなってきています。

Access for Allというのは、標準必須特許を利用したい者が自由にアクセスできる状況が担保されていることが重要であり、誰とライセンス契約を結ぶかについては標準必須特許の権利者が決められるとする考え方です。というのも、イノベーションを積極的に進める企業にとっては、ホールドアウトによって結局特許料を支払わないような企業が出てくると、研究開発に投じた費用が回収できなくなることにもなるため、大きな問題だからです。イノベーションを推進する国としても、無視することはできません。近年では、知財に関する専門家の間でも、以上のような背景をもとにFRAND解釈の変化を指摘するものが見られるようになっています[14]。

また、もうひとつ、こうした「変化」の背景について本書なりの指摘を加えるとしたら、業際領域での訴訟が増えてきたことも挙げられるでしょう。国際化と業際化が進展する状況においては、技術を利用する実施者がいろいろなところにいることになります。このことからもAccess for Allという考え方が合理的であるという見方も増えてきているように考えられます。

では、今後は国際化と業際化が同時に進む「真のグローバル化」においては、権利者側有利な環境の中でビジネスが進むことになるのでしょうか。私はそうは思っていません。そこで、最後にこれまでの内容を整理しながら、「真のグローバル化」への課題について述べることにします。

## (4) 真のグローバル化への課題と対応策

ここで、あらためて図1-1を用いながら整理してみましょう。

### 国際ビジネスの業際化

アップル対サムスン事件、ファーウェイ対ZTE事件、マイクロソフト対モトローラ事件などは、図1-1のB型で見られた訴訟と

図1-1　経営の国際化と業際化の違い（再々掲）

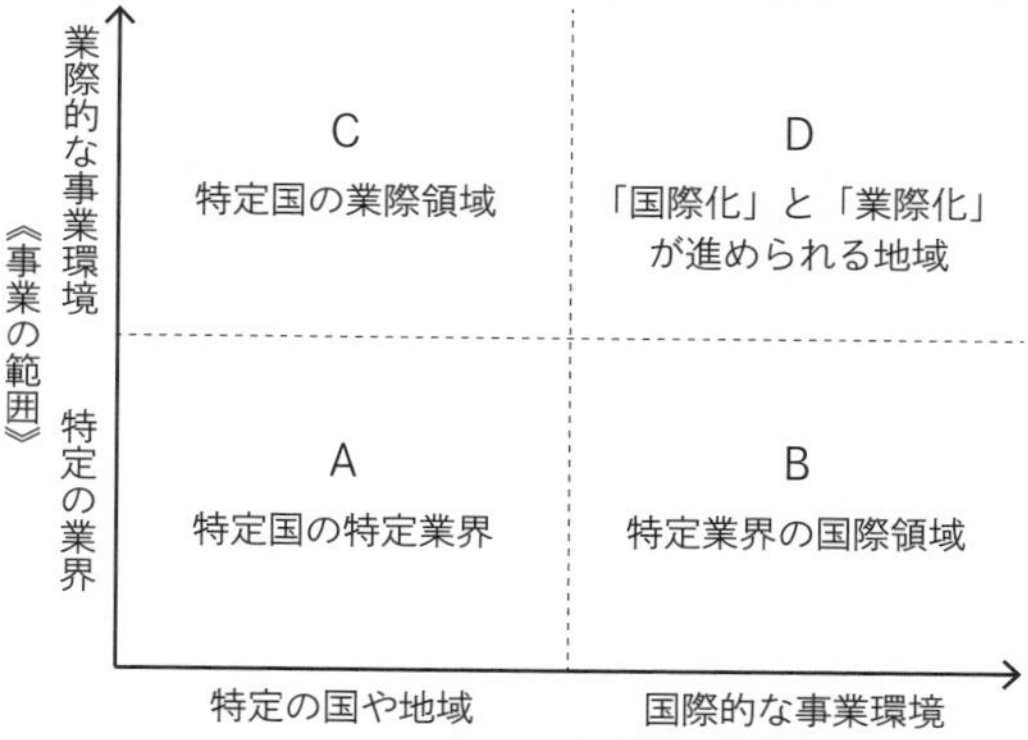


出典）筆者作成。

なっています。国際ビジネスを進める中で生じた、同じ業界内の企業による標準必須特許に関する事例です。これらの事例の前提となったラムバス事件もやはりＢ型の中で捉えることができます。Ｂ型での紛争が問題視されたことから、多くの標準策定コンソーシアムでＩＰＲポリシーが制定されていったわけです。ＦＲＡＮＤ義務が重視されたのもそこからです。

その後、業際領域での知財紛争が見られるようになっていきます。本章でも紹介したアバンシのような事例です。ただ、これは「真のグローバル化」の中で生じたことかと言えば、そうではなく、Ｂ型からＤ型へとシフトする中で生じているという見方ができます。情報通信技術は情報通信業界において標準化が進められていき、国際標準化されました。そのあとで自動車業界をターゲットとし、自動車メーカーにライセンス契約の交渉が進められたわけです。

つまり、初めからＤ型で進められたわけではなく、すでにＢ型で普及に成功した技術を業際化すべく自動車業界へ持ち込まれたというように理解することができます。

報道によると、アバンシはさらに自動車業界以外にも交渉先を拡げてきています。たとえば、次世代のテレビ放送技術、電気使用量を自動計測するスマートメーター、インターネット上での動画ストリーミング、ＥＶ向けの充電器などを生産する企業です[15]。これも、

B型で成功した技術をD型へシフトさせている動きと捉えることができます。このようにB型の成功モデルをD型に持ち込むようなビジネスモデルを、私は**国際ビジネスの業際化**と表現しています。

## 真のグローバル化から見えてくるもの

これに対して、本書第7章や第8章で述べてきたのは、国際標準化を進める上で、当初よりD型で進めることを前提にしています。QRコードもRFIDも、国際標準化する上では国際化と業際化が同時に進むことを前提に推進されていたことはすでに述べたとおりです。

当初よりD型の中で進められるこうしたIoT関連技術については、すべてでは無いにせよ、ロイヤリティフリーをベースに標準化が進められる事例が数多く存在することはすでにお話ししたとおりです。このような「真のグローバル化」においては、技術用途の業際化を前提として、①多くのユーザーと技術を共有すること、具体的にはそのためのコンソーシアムへ参画すること、また同時に、②自社の儲け口を設定することが求められること、ということも述べてきました。

その際に課題となるのは、多くの仲間をつくりながら（上記①）、きちんと自社の収益化につなげるためのビジネスモデルづくり（上記②）です。このためには、**収益化までのシナリオづくり**が必要となるわけで、ものづくりに長けた多くの日本企業にとって大きな課題であることはよく言われているところです。

そのために打つべき手は、やはりユーザーを深く把握すること以外には無いだろうと考えます。上記①がその役割を担っていることにはなるのですが、とは言えただ単に仲間づくりをすれば良いということでは無く、標準化される技術が実際に使用されることによって、ユーザーは「どのように生産性が向上したのか」、「当該技術の他にどのような技術と組み合わせて使用したのか」、「どのような結果に満足したか」等々、技術活用時のリアルなデータにアクセスできることが重要であると考えます。本書第２部で詳細にお話しした「既存顧客の洞察」が重要であるということにも通ずることにもなりますが、それが技術用途の業際化戦略にも当てはまることになるのです。

技術が活用される際のリアルなユーザーデータを事業に活かすことの重要性は、すでにＧＡＦＡＭ（アメリカのＩＴ大手Google（現アルファベット傘下），Apple，Facebook（２０２１年10月よりメタに社名変更），Amazon.com，Microsoft）と呼ばれるプラットフォーマーが各社の事業で実証しています。これに危機感を抱いた欧州では、２０２０年に業際的な企業間でデータ共有の仕組み「ＧＡＩＡ-Ｘ」を発足させています。日本でも

２０２４年3月に「国際データガバナンス委員会」が設置され、デジタル相以下、製造業や金融、運輸など業際的なメンバーで運営されています。

欧州や日本の取り組みは、データ流通におけるルール化なども検討されていますが、関係者間でデータを共有し、そこから新たな事業化に向けたタネを見つけ出すことに対して大きな期待が寄せられています。

## D型へ侵入してくる企業への対応

ただ、こうした課題だけでなく、「国際ビジネスの業際化への対応」も求められることになるでしょう。本章で詳細に見てきたように、B型からD型へ侵入してくる企業への対応です。

これは何も大きな企業だけの問題ではなく、中小企業にとっても同じように対策を練らなければならない問題であると言えそうです。

実際、ファーウェイが日本の通信関連の部品をつくる中小企業約30社に対して特許料の支払いを求めていることが日本経済新聞で報じられています[16]。この記事によると、通信関連の標準必須特許を持つファーウェイは、以前は同業種間でのクロスライセンスを進めていたのですが、ＩｏＴの進展により同社の技術は異業種間でも使用されるようになったとのことで、そうなるとファーウェイにとってはクロスライセンスでは対応しきれないことになり、上述したような事態に発展してきているということになるのです。当然のことながら、こうしたファーウェイと同じような行動が、他社でも進められることは予想されます。ライセンス交渉に不慣れな中小企業にとっては頭の痛い話ということになるでしょう。

メルセデスやトヨタがアバンシの要求に対して結局応じざるを得なくなったことを考えますと、中小企業にとってファーウェイの要求に抗える有効な策を考えることは難しいことになるでしょうが、先にも触れたようにリアルなユーザーデータを共有できるようなコンソーシアムへ参画すること（上記①）は、検討に値する策として挙げられるだろうと思います。これは、自社の儲け口を見つける（上記②）ということだけではなく、自社だけで問題を抱え込まないようにする効果があるからです。

中小企業の多くは、経営者自身がプレイヤーとなって前線で働かなくてはならないことが多く見受けられます。目の前の定型業務に奔走することも重要ですが、そのことだけに集中してしまうような状況は見直すことが必要でしょう。

## まとめ

最後に第3部についてまとめておきます。第3部では「技術用途の業際化」戦略について見てきました。特に、国際化と業際化が同時に進む事業環境を「真のグローバル化」とし、その中で求められる戦略に国境や業界を越えた企業間の連携と、その一方で自社の収益化までの道筋づくりの両面が重要であることを述べてきました。本書では特にＩｏＴ関連の技術領域で進められている現象に注目しました。

ここから見えてきた有効な企業の戦略としては、自社の周りに構築された外部環境を所与のものとして捉えるのではなく、外部環境に対して積極的に働きかけることを重視することが挙げられました。競争戦略理論的にはコーペティション戦略の考え方となります。

またその際、ひとつの技術が業際化されることで、ユーザー側は多くの利便性を得られることになるわけですが、技術開発においてはそのことを意識的に進めることがこの戦略理論の中心に据えられるものとなっています。

ただ一方で、国際ビジネスで成功した技術を業際化させてくる企業も存在しており、今後はこうした国際ビジネスの業際化にも対応することが求められることになります。これは、いわゆる大企業といった規模の大きな企業だけの問題ではなく、国内でしか活動していないような中小企業においても「真のグローバル化」への対応が求められるようになってきていることになります。

**注**

（1）日本経済新聞、２０２２年9月22日付朝刊。
（2）日本経済新聞、２０２３年8月16日付朝刊。
（3）詳細は内田（２０２２）を参照。
（4）日本経済新聞、２０２２年5月20日付。
（5）ＦＲＡＮＤ研究会編（２０１９）、91頁。
（6）江藤（２０２１）によれば、ＪＥＤＥＣの標準化活動に参加する企業は「出願中の特許も公開する」という原則はあったものの、それが明文化されてなかったとのことです。
（7）この事件については、高田（２０１４）、知的財産高等裁判所「平成25年（ネ）第１００４３号債務不存在確認請求控訴事件、平成26年5月16日判決言渡」をもとに作成。
（8）この事件については、藤野（２０１７）をもとに作成。
（9）この事件については日本経済新聞、２０１０年11月10日付、小林和人（２０１４）をもとに作成。
（10）この事件については、知財判例開示サイト（https://caselaw.4ipcouncil.com/jp/german-court-decisions/lg-mannheim/nokia-vdaimler）、日本経済新聞、２０２０年8月21日付、同２０２１年6月1日付、同２０２２年5月20日付をもとに作成。
（11）この事件については、日本経済新聞、２０２０年9月11日付、シャープ社ニュースリリース、２０２０年9月11日号をもとに作成。
（12）この事件については、知財判例開示サイト（https://caselaw.4ipcouncil.com/jp/german-court-decisions/lg-mannheim/nokia-vdaimler）、知財情報ウェブサイト（https://iptops.com/blog/72796）をもとに作成。

(13) シャーマン法とはアメリカの反トラスト法のひとつで中核的な位置づけにあるものです。
(14) このあたりの内容は口ノ町（2018）、君嶋（2022）を参照。なお、本編では触れませんでしたが、こうした権利者側有利な解釈へ変化が見られるようになった背景には、2018年以降に深刻化した米中関係の悪化を含めて捉えることも可能と言えそうです。アメリカ側は制裁関税を課した理由として、中国によるアメリカの知財窃盗等を挙げており、これがその後のプロパテント化へとつながったという考え方です。このあたりの内容については内田（2022）で詳述しています。
(15) 日本経済新聞、2023年12月9日付。
(16) 日本経済新聞、2023年6月26日付。

# 参考文献


Brandenburger, A. M. and Nalebuff, B. (1996), *Co-Opetition*, Doubleday Business（B・J・ネイルバフ、A・M・ブランデンバーガー著／嶋津祐一訳『コーペティション経営：ゲーム論がビジネスを変える』日経BPマーケティング、１９９６年）

Cyert, R. M. and March, J. G. (1963), *A Behavioral Theory of the Firm*, Prentice Hall

Helfat, C., Finkelstein, S., Mitchell, W., Peteral, M., Singh, H., Teece, D. and Winter, S. (2007), *Dynamic Capabilities: Understanding Strategic Change in Organizations*, Blackwell Publishing

O'Reilly C. A. and Tashman, M. (2016), *LEAD AND DISRUPT: How to Solve the Innovator's Dilemma*, Stanford Business Books（チャールズ・A・オライリー、マイケル・L・タッシュマン著／渡部典子訳『両利きの経営―「二兎を追う」戦略が未来を切り開く』東洋経済新報社、２０１９年）

March, J. G. and Simon, H. A. (1958), *Organizations*, 1st ed., John Wiley & Sons

Nelson, R. and Winter, S. (1982), *An Evolutionary Theory of Economic Change*, Harvard University Press

Teece, D. (2009), *Dynamic Capabilities and Strategic Management: Organizing for Innovation and Growth*, Oxford University Press

Uchida, Y. (2019), "International Standardization of the New Technology Paradigm: A Strategy for Royalty-Free Intellectual Property," Cantwell, J. and Hayashi, T. (eds.), *Paradigm Shift in Technologies and Innovation Systems*, Springer, pp. 73-103

Uchida, Y. (2024), "The Meaning of Change in International Business Strategies: A Case of Toyota Motor Corporation," Makino, S., Uchida, Y. and Kasahara, T. (eds.), *Transformation of Japanese Multinational Enterprises and Business: The 50th Anniversary of the Japan Academy of Multinational Enterprises*, Springer, pp. 189-202

Williamson, O. E. (1975), *Markets and Hierarchies, Analysis and Antitrust Implications: A Study in the Economics of Internal Organization*, Free Press

Williamson, O. E. (1979), "Transaction-cost economics: The governance of contractual relations," *Journal of Law & Economics*, 22 (2), pp. 233-261

内田康郎（２０１６）「ＩｏＴの進展と国際ビジネスの関係について：技術標準の業際化への取り組みを中心に」『富山大学ワーキングペーパー』No. 304

内田康郎（２０２０）「知財の無償化と国際ビジネスの業際化」浅川和宏・伊田昌弘・臼井哲也・内田康郎監修／多国籍企業学会著『未来の多国籍企業：市場の変化から戦略の革新、そして理論の進化』文眞堂、１６５―１８８頁

内田康郎（２０２１）「異業種連携を通じた業際化の実態に関する考察―トヨタ自動車における戦略提携の変遷より―」『兵庫県立大学ディスカッションペーパー』No. 128

内田康郎（２０２２）「業際領域における標準必須特許と多国籍企業の競争行動」『商大論集』第74巻第2号、兵庫県立大学、1―13頁

内田康郎（２０２４）「異業種連携に基づくイノベーション」馬越恵美子・内田康郎編著／異文化経営学会著『生まれ変わる日本―多様性が活きる社会へ』文眞堂、２０２―２１６頁

江藤学（２０２１）『標準化ビジネス戦略大全』日本経済新聞出版

小川紘一（２０１４）『オープン&クローズ戦略―日本企業再興の条件』翔泳社

小川進（２０２０）『ＱＲコードの奇跡』東洋経済新報社

君嶋祐子（２０２２）「ＩｏＴ時代における標準必須特許（ＳＥＰ）をめぐる法的問題」『特許研究』No. 73、独立行政法人工業所有権情報・研修館特許研究室、6―18頁

口ノ町達朗（２０１８）「標準必須特許のライセンスに関する欧米調査報告及び我が国への示唆」『ＣＰＲＣディスカッション・ペーパー』公正取引委員会
高田寛（２０１４）「情報通信分野におけるホールドアップ問題について」『企業法学研究』第３巻第1号、企業法学会、15―36頁
中川理・日戸浩之・宮本弘之（２００１）「顧客ロックイン戦略：ネットワーク外部性や学習効果、ブランドなどを活用した」『Diamond ハーバード・ビジネス・レビュー』２００1年10月号、40―55頁
馬駿・内田康郎（２０２３）「アイリスオーヤマにみる持続的成長の本質」『富山大学ワーキングペーパー』No. 353
松井健彰（２０２３）「事業定義の見直しから地域作りへ」中小企業家同友会全国協議会『今、この瞬間が未来をつくる～地域が変われば日本が変わる～』第53回中小企業問題全国集会イン長野、中同協、No. 110、28―35頁。
藤野仁三（２０１７）「世界のＦＲＡＮＤ判例（Vol. 11）ファーウェイ事件：ＳＥＰ所有者による差止請求がＥＵ競争法上支配的地位の乱用とならないための条件が明示された欧州司法裁判所判決」『The Invention』No. 2、発明推進協会、64―67頁
ＦＲＡＮＤ研究会編著（２０１９）『標準必須特許ハンドブック―世界のＦＲＡＮＤ判決から流れを掴む』発明推進協会

# あとがき

　本書を書くきっかけとなったのは、私と同じ学会に所属する研究仲間からの一言でした。学会での活動の後、いつものように気の合う仲間たちと会食していたときのこと、「業際化」や「業際戦略」も、「国際化」や「国際戦略」と同じように一般的な概念として使われるようにならないものか、というようなことを打ち明けたところ、仲間の一人から言われたのが、「『業際戦略』についてわかりやすく概念化するような内容の書籍を出してみたらどうか」というものでした。

　それは普段、専門的な論文ばかり書いていた自分にとって、ハッと気づかされる一言でした。そのときから「業際戦略」という概念を、経営戦略の理論に関心を持っている方やある程度経営戦略論について理解されている方に向け、分かりやすく書いてみようという思いを抱くようになりました。あの一言がなければ本書は実現されていなかったので、その仲間には本当に感謝しています。

この業際戦略という概念について、本書では規模の大きな企業だけでなく中小企業の経営においても有益な戦略であるという認識のもと執筆してきましたが、その背景には2010年から続いている富山県の中小企業経営者の皆さんとの勉強会「戦略的経営塾」が深く関わっています。実際、本書では松井エネルギーモータースをはじめ、一部の企業を紹介させていただきましたが、他にもこの勉強会に参加する企業からは業際化への課題や対応策等について多くの気づきが得られており、とても有り難く思っております。

このこと以外にも、本書は私が勤務している大学院の講義から得られた気づきが取り入れられています。私が所属している大学院（ビジネススクール）の学生は社会人だけで構成されており、1学年の定員が45名と、国内のビジネススクールとしてはそれほど規模の大きなものではありませんが、それでも毎年定員の3倍ほどの志願者が集まるような専攻となっています。意欲的な学生が多い中、講義ではいろいろな企業のケーススタディを行いますが、本書で取り上げたケースは受講者の反応の良かったものを選択しました。

また、今回このビジネススクール出身で、現在は本学の大学院博士課程で私の研究室に所属しているお二人、薊木正史氏と小林友美氏に隅々まで目を通していただきました。仕事や家族を抱え、博士課程の研究活動がある中で快く応じていただいたことに心から感謝しております。

最後に、昨今の厳しい出版事情の中、本書の公刊を快くお引き受けいただいた文眞堂の前野弘太氏にも感謝を申し上げます。たまたま複数の学会で記念書籍を出版することとなり、その編集業務を担当した関係で本書は当初の予定より3年ほど遅れてしまいましたが、その間も待ち続けてくださいました同氏に心から御礼申し上げます。

2024年7月

神戸市内の仕事部屋にて

内田　康郎

索　引

## サ行



## タ行



## ナ行



## ハ行



## マ行



## ヤ行

# 索　引

著者紹介

内田 康郎（うちだ・やすろう）

兵庫県立大学大学院社会科学研究科
経営専門職専攻（ビジネススクール）教授

プロフィール

内田康郎研究室 Web サイト
https://www.yasuro-uchida.com/

業際化時代の競争戦略
──異業種連携を通じた事業探索の仕組み──

2024 年 7 月 31 日第 1 版第 1 刷発行　　検印省略

著　者──内田 康郎

発行者──前野　隆
発行所──株式会社 文 眞 堂
〒 162-0041 東京都新宿区早稲田鶴巻町 533
TEL：03（3202）8480 / FAX：03（3203）2638
URL：http://www.bunshin-do.co.jp/
振替 00120-2-96437

製作……モリモト印刷


ISBN978-4-8309-5261-6　C3034
定価はカバー裏に表示してあります